戦後大阪の鉄道とターミナル小売事業

谷内正往　著

五絃舎

まえがき

鉄道と小売事業は密接に関連しており、特に乗降客の多い大都市の鉄道ターミナル駅にはデパート（百貨店）など大規模な商業施設が建設されることが多い。大阪の場合、戦前から大阪梅田駅に阪急が兼業の一つとしてデパートを直営しそれを他の私鉄が模倣してきた歴史がある（谷内正往『戦前大阪の鉄道とデパート』東方出版、二〇一四年）。また戦前は種々の事情により郊外から市内に私鉄乗り入れができず、キタ、ミナミなどの鉄道ターミナルが栄える結果となった。戦後は、地下鉄の相互乗り入れが一部行われ、二〇〇九年三月阪神電鉄・近畿日本鉄道の相互直通運転（阪神三宮―近鉄奈良間）が開始されたものの、東京と比較してその数は多くはない（将来的には大阪なにわ筋線などが期待される）。

その影響なのか、大阪は現在でもデパートの激戦区となっている。大阪市内人口一人当たりの大型店（百貨店およびスーパー）年間販売額を全国平均で割ったものをトンプソン指数と呼ぶが、大阪市は二〇一七年で二・七となっている（『2019年版　大阪の経済』大阪市経済戦略局、二〇一九年三月、四一頁）。これは大阪市内の大型店（多くは百貨店）が市内人口一人当たりの販売額で換算した時に全国平均の二・七倍の売上高を上げていることを示している。つまり郊外から大阪市内に電車で出てきて買物する客が圧倒的に多いことを推測させる指数なのである。しかもその数値は二位東京の一・七を大きく引き離していることから、大阪市内鉄道ターミナルに立地する小売商業施設が全国的に見ても突出した存在であることがわかるのである。

あらためて疑問に思うのだが、なぜ大阪は鉄道と小売商業施設がかくも密接に関係しているのだろうか。その理由を少しでも明らかにしたいと考えて、これまで私は戦前を中心に大阪の鉄道と小売事業（特に百貨店）に関する事例研究を積み重ねてきた。その際念頭においてきたのは「鉄道から小売事業を見る視点」である。それは鉄道史研究が単にその経営や労働を明らかにするだけでなく、沿線の社会や経済、文化にまで影響を及ぼすものだからである。その意味において従来の商業史からは見えなかったものが見えてくると考えている。

今回は戦前・戦後をまたいで大阪（一部京都）の鉄道と商業の事例紹介・分析を進めてみた。以下、簡単にその概要を紹介しておきたい。

第一章では、まず大阪の交通（移動手段）の変遷を追いかけることから始めた。戦前の船や人力車の時代から、東京―大阪を結ぶ幹線鉄道、大阪近郊へ伸びる電気鉄道（いわゆる関西私鉄）が登場し、大阪市内では巡行船に代わって路面電車が走るようになる。戦中から戦後にかけては地下鉄、タクシー、乗合自動車（バス）が登場し、戦後はマイカー（自動車）が普及していく。路面電車は地下鉄に置きかわり、鉄道そのものの相対的利用度は減少していくものの、その重要性は変わらず現在に至る。本章は直接小売商業施設と関わるものではないが、鉄道がどのような経緯で大阪の主要な交通機関となったのかを明らかにするために入れておいた。

第二章では、大阪になぜ「南海百貨店」がないのか、という問いに答える形で、南海電気鉄道の戦前・戦後の小売事業について検討した。戦前の同社は本業の輸送事業（貨物・旅客）が好調で小売業などの兼業をする必要性が低かった。また、難波駅南海ビルの建設では高島屋がテナントとして入居したために、ターミナルデパートを直営することはなかった。

戦後になると貨物輸送の順次廃止による駅周辺遊休地の効率的活用を求めて、同社は不動産事業や小売事業に進出したが他社と比べて「出遅れ」感が大きかった。そこでは、ナンバCITYなどの商業施設を開業するものの、営業ノウハウがないために西武グループの協力を得たり、なんばパークス開業時も高島屋の協力を仰いだりしたのである。「南海百貨店」については、戦前に商号だけ登記されていることが判明したが、その実態を明らかにすることはできなかった。

第三章では、近年東京・大阪の都市部で盛んになっている鉄道高架下の商業施設利用「駅カン（駅と駅の間）」について、南海電気鉄道の事例を紹介した。

高度経済成長期に急増した鉄道高架下事業（立体交差事業）は、電車線路と自動車が平面交差することによる交通渋滞・交通事故の多発を解消するために実施された。そのことによって、鉄道側には輸送力の増強工事が行える利点があり、また都市計画を進める行政側には平面鉄道により分断されてきた市街地の一体化をはかり、鉄道用地の跡地を駅前広場事業、市街地再開発事業などに活用する都市再生・活性化の利点があった。

南海電気鉄道は一九三八年に難波―天下茶屋間高架複々線化をして、高架下を倉庫や鉄工所、事務所などに貸し出していたものの、阪急（三宮駅）「楽天地」のように映画館や飲食店を入れて盛り場とする意図はなかった。近くにミナミの巨大な繁華街が広がっていたからである。戦後は、南海本線の大阪市内から市外に向かって高架下事業が進められた。一九八三年に住ノ江駅高架下にオープンした「シティスポーツすみのえ」は西日本最大規模の会員制スポーツ総合施設（会員約三〇〇〇名）となった。近年のなんばＥＫＩＫＡＮ事業は、難波―今宮戎間の徒歩一〇分程度の高架下開発なのであるが、その目的はなんば周辺の魅力を高めることにあった。「10人が1回来るよりも1人が10回きてくれるエリア」を目指しているという（『南海人』第六四〇号、二〇一八年、七・八月号、七頁）。

第四章では、「阪神デパ地下（地下一階の食品売場）」の源流を探るために、戦前戦後の阪神電気鉄道の小売事業参入について検討した。同社は、戦前から小売事業（営業所）を行ってきたが、それは沿線の電灯電力供給事業における電気器具を販売するためであった。しかも、電灯利用者に対するサービス向上の努力を重ね、顧客アンケートまで実施していたのである。この点はあまり知られていない。

また、戦前大阪市の都市計画により同社の大阪梅田駅は阪急前まで地下で延伸することを求められた。その際、阪急との土地争いが生じたものの、地上に阪神ビルの建設、高島屋への委託経営を前提に阪神百貨店の開業を計画した。ただ戦時統制のために阪神ビルは二階までしか建設できず、百貨店計画も未設となり、直営の阪神マートが地下を中心に営業しただけだった。

戦後は、地下阪神マートの売場を広げ、品ぞろえを増やして一九五一年には阪神百貨店と名称を変更する。翌年一一月には一階売場に京阪神の有名食品店を集めた「甘辛のれん街」を開いた。一方で、地下道・地下駅を整備して全国銘菓名物街や食堂街を設けていく。一九五七年には、阪神本体から小売事業が分離独立して株式会社阪神百貨店となり、一九七七年には売場面積を当初の約一万七千㎡から約四万五千㎡まで増やしたのである。売場の中心には衣料品と食品が多く、二〇〇〇年以降のデパ地下ブームには食品の売上高が衣料品を超えて一位になる。阪神デパ地下は阪急と共に有名であるが、「庶民性」「割安感」「他店にない商品」といった特徴があった。それは、阪神梅田駅の地下延伸と同社の営業展開から歴史的積み重ねによって生み出された結果なのであった。

第五章では、一九七〇年大阪万博をとり上げた。万博は商業の視点から見ると新商品が展示される場であり流行発信の場でもあるため考察対象とした（当時は携帯電話、UCC缶コーヒー、海外のファーストフード店などが紹介された）。

本文では、万博のために鉄道新線がどのように敷設されたかを、隣接の千里ニュータウンの小売事業の動向もふまえて検討した。第一に、鉄道新線（地下鉄御堂筋線の延長線である北大阪急行電鉄）は万博の中心的な輸送機関として敷設されたが、しかしそれは千里ニュータウンという大規模な郊外住宅地を前提にしたものだった。大阪万博（半年間）だけのために設置されたわけではなかった。第二に千里ニュータウンの商業施設は計画的に配置されたものの、「一業種一店舗方式」という制約のために、魅力的な品ぞろえができず競争による活性化も期待できなかった。結果として、他地域と比較して物価が高くなり、そこへ露店が進出して既存商店が打撃を受ける事態が生じた。その後は、ニュータウンの外側であるロードサイドに商業施設が増加して、タウン内商業施設の「空洞化」を招くこととなった。

第六章では、前章の「一業種一店舗方式」と似た形を採用した京都駅観光デパートの事例を扱った。この方式は同業者の過度の競争を抑制するためのもので、実は戦前大阪の専門大店が行っていたのである。それが京都駅観光デパートで採用されたもので、その意味において大阪とは関係が深い事例といえる。

戦後二代目京都駅（一九五二年）が建設された際に、鉄道弘済会など国鉄関係者に加えて、大阪駅の専門大店社長も含めて京都駅観光デパート（現、キューブ）が創立された。当初は民衆駅とする予定だったが、朝鮮戦争の影響で資材が高騰して予算を数億円上回ったために直営に近い株式会社組織となった。開業後数年して行われた（マル秘）店舗・接客調査結果があまりに平凡で「可もなく不可もなく」だったために、「京都駅の顔」であった同デパートにとっては不満の残るものであった。

本文では、大阪の専門大店の概要、京都の商品陳列所の伝統、戦前の京都駅前で営業していたはとや百貨店を紹介したうえで京都駅観光デパートの動向を紹介した。同デパートの経営は順調であったが一九八〇～九〇年代以降は競合店が増加して苦境に陥る。そもそも京都の中心商業地にある高島屋、大丸とは売上高が比較にならず、京都駅のみやげ物店の域を出ることができなかった。その原因はデパート全体の統一感に欠けること、「一業種一店舗方式」の原則により大胆な営業展開ができなかったことにあると推測する。

以上が本書の構成であるが、初出は次の通りである。第一章は前半だけを取り出し、他は加筆修正したことを申し添えておく。

【初出一覧】

第一章「大阪の交通史―戦前の市電と乗合自動車（バス）」『都市と公共交通』第四二号、大阪公共交通研究所、二〇一八年六月。

第二章「大阪になぜ「南海百貨店」がないのか」『大阪商業大学商業史博物館紀要』第一九号、二〇一八年一二月。

第三章「商業施設から見た鉄道高架下―南海電気鉄道を中心として」『日本商業施設学会第一七回研究発表論集』二〇一八年一二月。

第四章「阪神デパ地下の源流（上・中・下）」『大阪春秋』第一七三～一七五号、二〇一九年二・六・八月。

第五章「鉄道と商業―70年大阪万博を中心として」『日本商業施設学会第一六回研究発表論集』二〇一七年一二月。

第六章「鉄道と小売事業―京都駅観光デパートを中心として」『京都の流通産業研究』第三号、二〇一九年四月。

近年、「駅ナカ」「鉄道と商業」などを対象にした研究が生まれている。歴史研究からは、井田泰人編著『鉄道と商業』（晃洋書房、二〇一九年）が諸学関連しているこの分野を体系的に整理しようと試みている。歴史研究は新しい史実の発見・整理を重視するもので、現実の問題にはすぐに役立たないうらみがある。しかしながら、これから戦後の研究蓄積が進むことで、理論や現状分析に寄与する局面も出てくると考える。まことにささやかな試みではあるが、私自身も今少し事例研究を進めていきたいと思う。

本書を執筆するにあたってはいろいろな方にお世話になった。まず、第二章「大阪になぜ『南海百貨店』がないのか」は市場史研究会（二〇一八年春季大会）で報告した内容である。この珍妙な論題にけげんな顔をすることなく、参加された諸先生からは貴重なコメントをいただくことができた。ありがとうございました。特に、同会代表世話人の原田政美先生（敦賀市立看護大学教授）、宇佐美英機先生（滋賀大学教授）、廣田誠先生（大阪大学教授）からは、いつもリラックスした雰囲気の中に研究者としての心構えというか矜持というかそういうものを感じ取ることができたように思う。

『大阪春秋』主幹・長山公一氏には拙稿「阪神デパ地下の源流（本書第四章）」を同紙に三回連載の形で掲載していただいた。たまたま阪神の史料を見つけてあれこれ思案しているところで、いざ書いてみると大幅に字数をオーバーしてしまいご迷惑をおかけした。長山氏とメールで字数調整しながら、どの史料をどのように差し込んでいくかを考えるのが楽しかった。

ここにお詫びとお礼申し上げます。

日本商業施設学会は本来実務的な研究者の多い学会なのだが、私のような歴史研究者にも門戸を開いてくれて、忌憚ないご意見・感想を聞くことができた。先生方のご専門がそれぞれ異なるので学ぶことも多かった。当初は場違いな気もしたのだが、本書の編集を進めるうちに意外と研究のヒントを与えられていたことに気づいた。ありがとうございました。

第六章は京都駅観光デパートの事例だが、これは山西万三先生（元、龍谷大学教授）が雑誌『京都の流通産業研究』を継続して発刊するために今春「地域産業研究会」を立ち上げられて、そこに参加したことが発端になっている。大阪以外にも研究対象を広げることができたという意味で勉強になりました。

今回このような形で本書をまとめるキッカケになったのは、今春、木山実先生（関西学院大学教授）から関西学院大学市民講座（二〇一九年一一月秋季オープンセミナー・大阪梅田キャンパス講座）にお声がけしてもらったことにある。「阪神経済史研究の新潮流」と題して、私が「鉄道史から見た近代大阪の発展」を、木山先生が「貿易史から見た近代神戸の発展」を一般の方に向けてお話しするものである。おかげで個別経営の事例だけに自身の研究を埋没させることなく、産業史や経済史という大きな枠組みの中に自身の研究を置くことの重要性を改めて認識した次第である。

私の勤務する大阪商業大学においては、学長の谷岡一郎先生企画による早朝市民講座「Early Bird University～大坂から大阪へ～」において講師を務めさせていただいた。私の演題は「広がる大阪―鉄道が果たした役割」（二〇一八年六月二六日）であったが、東大阪の事例も紹介したところ、早朝にも関わらず受講者様の関心が高く、改めて「地元のこと」「今につながること」をしっかりお伝えすることが肝要だと気づいた。その他お名前をあげることは差し控えるが、学内の諸先生からは教務や行事、事務作業など共同作業を通じて学ぶことも多く、いつも感謝しております。

出版にあたっては、今回も五絃舎社長の長谷雅春氏にお世話になった。

前著『戦前大阪の鉄道駅小売事業』（同社、二〇一七年）にひき続いて、二冊目となる。原稿がわかりにくかったのだが、編集でスッキリした内容になり、読みやすくなった。私の意図を最大限にくみとって下さり、とても感謝しております。ありがとうございました。

二〇一九年一〇月　仲秋の頃

谷内正往

目次

戦後大阪の鉄道とターミナル小売事業

第1章　大阪の交通史―戦前・市電から戦後・地下鉄へ

はじめに

昭和初期の大阪市内には現在の主要な交通手段がほぼ出そろっていた。図1―1は昭和初期の大阪市電を中心にした地図である。旅館の宣伝用に作られており、製作年次は不詳であるが、現在の大阪環状線の鶴橋駅（右下）が描かれているところから一九三三（昭和八）年以降と見られる。昭和初期の大阪市内を見てどのようなことに気づくだろうか。

第一に川が多いことである。上側（北側）の淀川はもとより、左側（西側）の安治川、木津川と太い川が流れている。特に市内中央の（タテに流れる）東横堀川、西横堀川、さらに（ヨコに流れる）長堀川とその下（南）道頓堀川に囲まれた一帯が船場、島之内であって、旧市内である。

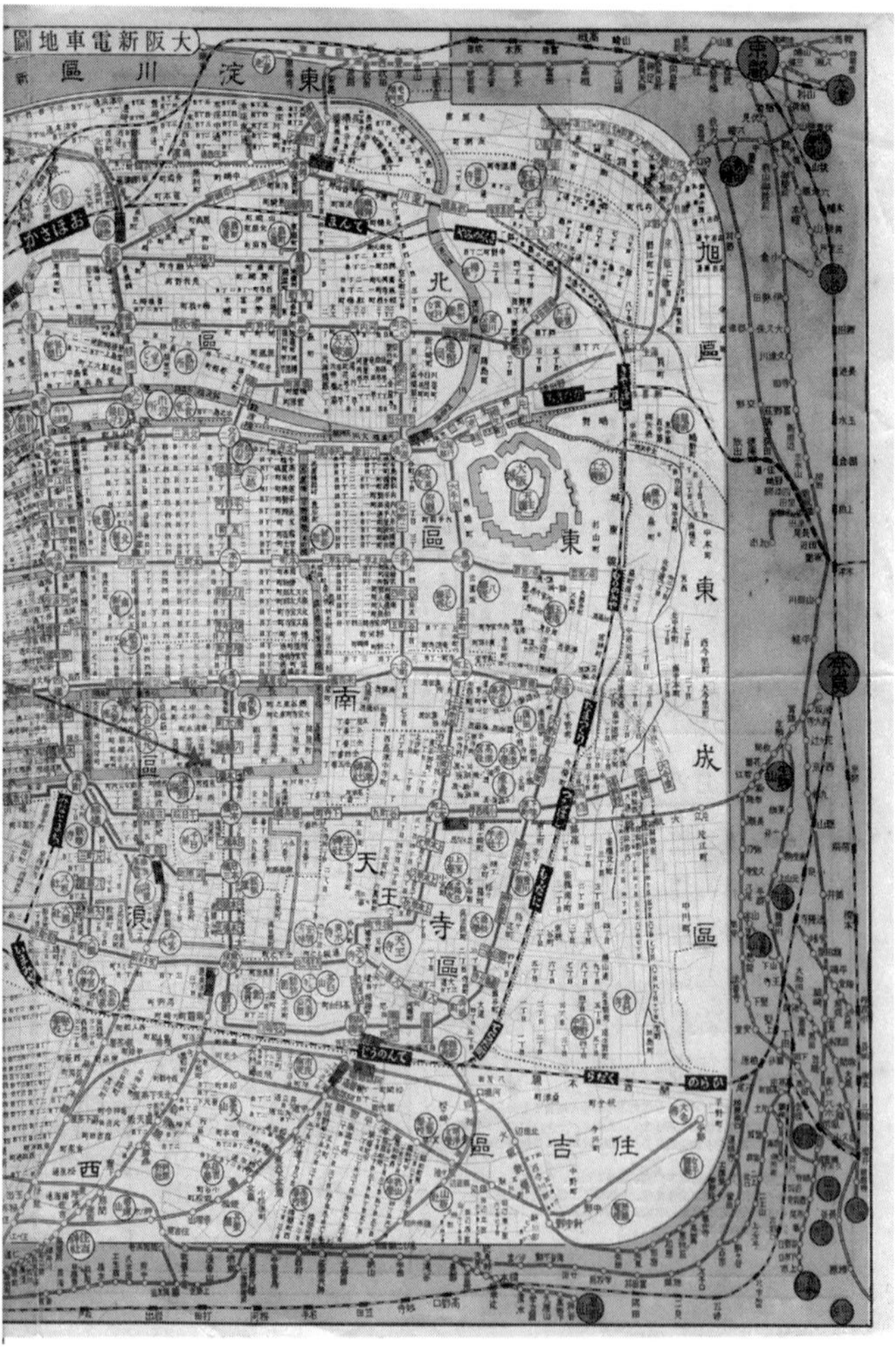
大阪新電車地圖
東淀川區
北區
旭區
東區
東成區
南區
天王寺區
浪速區
西區
住吉區
おほさか
てんま
てんのうじ

図 1-1　大阪市電地図

出所：筆者所蔵。

鉄道路線に目をやると、第二にまだ環状線ができていないことである。すなわち、（図の中央下側の）国鉄（現、ＪＲ西日本）みなとまち（湊町）駅から天王寺駅を通じて奈良へ行く線とおおさか（大阪）駅へ行く線に分かれる。大阪へ向かう線は、大阪城の東側を通るので「城東線」と呼ばれた。おおさか駅から西側（港側）へ向かうのは国鉄西成線[1]である。西九条から南へ下って境川あたりの臨港線の貨物線と接続して「環状線」を形成するのは、ずいぶん後の一九六一年まで待たねばならない。[2]

じっくり眺めると現在との違いにいろいろ気づくのだが、最後に太線と□で駅名が囲まれた、市電（路面電車）が市内を縦横に走っていることがわかる。市内は市電が独占的に運行していて、今日の阪急、阪神、京阪、近鉄、南海といったいわゆる私鉄がほとんど乗り入れていない。しかも、自動車やバスが今ほど普及していない時期なので大正から昭和初期にかけては市電の黄金時代であった。

市電は大阪市が単独で行ったドル箱事業であり、後に私鉄の乗り入れを拒絶する「市営主義（モンロー主義）」にもつながるものであったが、一方で大阪という都市を均整のとれたものにした。例えば人の移動面で、どこへ行くにも市電を二回ほど乗り換えれば目的地に到着するようになっていた。[3]

さらに、明治時代に西区と港区に著しい集中をしていた商業機能の偏りを矯正し、百貨店を例にとれば、梅田に阪急、心斎橋に大丸、そごう、堺筋北側の高麗橋に三越、さらに下って長堀橋に高島屋、日本橋に松坂屋というように分散立地するキッカケをつくった。[4] 御堂筋に一極集中していなかったのが特徴で、今日の大阪とはまた違った姿を見ることができる。[5]

そこで、大阪の街を変えた交通手段の変遷について少し掘り下げて考えてみたい。大阪は明治以降、現代にいたるまで、人力車、巡航船、市電、タクシー、乗合自動車（バス）、私鉄（都市近郊鉄道）、地下鉄（都市高速鉄道）、マイカー（乗用車）とめまぐるしくその主要な交通手段を変えてきた。[6] その経営や労働、利用者の動向について振り返ってみたいのである。その ことを通じて今日大阪の鉄道が「市民の足」となった事実を確認し、さらに鉄道と小売商業施設の関係を明らかにする一助にしたいのである。もちろん交通は通勤・通学に必要であるし、工業地帯のみならず商業レジャー施設とも関係が深いので当時の社会の様子を知る手がかりの一つになることは言うまでもない。[7]

まずは交通手段の変遷を一瞥したあと、巡航船から市電、乗合バスへ移行する大正・昭和初期を中心に経営の動向や従業員の様子、利用者の声などを検討していきたい。[8]

一．川蒸気と陸《おか》蒸気、馬車鉄道

明治維新以前の交通機関を見ると、陸上はかごが主流で約三〇〇年間の歴史があった。一方、水上交通では「通い船」があり、特に天満八軒家から京都伏見に通う「三十石船」が有名であった。京阪間唯一の交通幹線で、毎日三〇人乗りの旅客船が五〇余隻就業し、一日一五〇〇人を上り下りで運んだ。夜船に乗ると翌日早朝に着いたという。

川蒸気

高圧機関をとりつけて黒煙を吐く汽船を川蒸気と呼ぶ。川崎造幣局から京の太政官に届ける貨幣運搬用として淀川丸が最初に就航した。一八七一（明治四）年、船場町人柴田商店主が資本金一〇万円で淀川汽船会社を創設し、鳩丸、水龍丸二隻の汽船で開業した。天満―伏見間所要時間上り六時間、下り三時間半、運賃上等片道二〇銭、下等一五銭（当時、白米一升七銭）の高値であったが、波頭をたてて走るそう快感に人気が集中した。

陸《おか》蒸気

ところで、この新鋭、川蒸気も一八七七（明治一〇）年、京阪間に陸《おか》蒸気（川に対する俗語）が走ってからは、相当の打撃を受けた。一九一〇（明治四三）年（淀川に沿って走る）天満橋―七条間の京阪電鉄が生まれてからはその姿を消すことになる。

馬車鉄道

もともと近世から大阪の市街地道路は狭く乗合馬車はほとんど利用されなかった。馬車鉄道は、一八七一年九月造幣寮―堂島新船町間で開通した。運行ルートは造幣寮から北に出て、源八渡しの辺りから西に向きを変え、本庄・北野を通って梅田の西辺から南下し、堂島へ出るというもので、一八七三年には安治川まで延長された。主として造幣寮関係の物品を運んだが、その後水路を利用することになり一八七五年四月線路・機関車は鉄道寮へ譲渡された。

二．人力車、巡航船

人力車

川蒸気の淀川丸は外輪がついたものだが、車を利用したものに人力車がある。一八六九（明治二）年、東区高麗橋一丁目の飛脚人足業・飛久こと田井久作が東京銀座の秋葉大助と協力して、改良を加えて新車三台をつくった。これを翌一八七〇年持ち帰って営業を開始した。車夫は徒歩ではなく、かけ足連続のスピード化が評判となって需要が激増した。

明治期の車輪は木造で外輪に鉄輪をはめたものであったが、大正期に入ると鉄輪の代わり

図 1-2　人力車

出所:『目で見る大阪市の 100 年』上巻、郷土出版社、1998 年、35 頁。

に堅ゴムをはめ、車輪も金属製に進歩し、昭和初期から空気入りタイヤとなった（図1―2は明治期の人力車）。一八八六年頃の料金は、梅田を起点にして堂島まで二銭、心斎橋まで四銭、難波まで九銭であった。

一八九七年頃には市内の人力車営業台数は約二万両を突破して活況を呈した。「客は田舎の大尽で情夫は帳場の車曳き」という唄が遊郭で流行した頃である。人力車の急行を希望する場合、「先曳き後押しつき」というものが生まれ、三人の車夫で一台を走らせた。

巡航船

一九〇三（明治三六）年天王寺で第五回内国勧業博覧会が開催された。その際大量の観覧客をどのように運ぶかが問題となり、大阪市では市内に多くの枝川があるのを利用して、機械船を運航することにした。しかし、大阪市議会では事業が小さく収支が合わない、市営としては成果を望めないとして否決されてしまう[9]。そこで当時の鶴原市長は船場の金庫製造業者伊藤喜十郎[10]を説得して民営の大阪巡航船合資会社（のち株式会社）を設立させ同社と報償契約を結んで巡航船を運航させた[11]。

同社は六馬力の発動機船を二〇隻購入し、大川、東西横堀川、西長堀川、道頓堀川、高津入堀川で営業を始めた。一区一銭、三区以上均一の安値にしたために、たちまち人力車の客を奪うことになり、人力車車夫に大打撃を与えた。

博覧会に期待していた車夫たちはふんまんやるかたなく、同年六月二日に総ストライキを決行した。土佐堀青年会館に集合し気勢をあげ、解散後はデモを行い、西横堀川南端、金屋橋の上に集まって、進航してきた巡航船にがれきを投げ、船員や乗客多数に重軽傷を与えた。

それでも巡航船の数は増え、営業河川も拡大された。普通定期券や学生の通学定期券も売り出され、巡航船黄金時代となっていく。これを数字でみると一九〇三年には乗降人数三八一八九七一人（収入一二二、〇七四円）、一九〇六年六四〇三七八七人（同二七二、二七五円）、一九一〇年五八八三二二八人（同二四三、五九六円）、一九一二年三九一四八九〇人（同一八三、〇三一円）となっていた[12]。この数字は市電の戦前の全盛期（一九二三―一九二九年）約八〇〇万人[13]と比べると少ないが、船で約四〇〇～六〇〇万人の乗降客を運んだことは特筆

図 1-3　昭和初期・観光用巡航船

出所：清水義雄編『大阪－名所遊覧／栞』大阪発行所、1929年５月、頁なし。

に値する。あらためて大阪は「川のまち」であったことが想起されるのである。

しかし、黄金時代は長くは続かなかった。巡航船は一九〇九年市電の出現からほどなく衰退し、一九一三年市電の市内延長線の完成と乗車運賃片道四銭均一制の実施からついに営業不振となり会社は解散した（図1―3は昭和の観光用巡航船である）。

この点、巡航船の脅威にさらされた人力車は意外にも昭和まで生き残る。なぜなら「大阪の狭い道を戸口から戸口へ直結できる機能と長年の馴染《なじみ》」があったからである。[14]（人力車の命運が尽きるのは戦後の自動車が普及してからである）

三、市電（路面電車）

市電の計画は先の内国勧業博覧会の時からあった。東京の河野剛、大住文治郎らが博覧会目当てに市内に軽便電車の敷設を計画した。名称は大阪電気鉄道会社で資本金は一〇〇万円であった。この資金を大阪財界から得ようと活動したので、大阪市がびっくりして公益優先から政府に運動して先に市営電車の許可をとったので、私営案は消滅した。

大阪市は勧業博覧会に合わせて一九〇三年まず築港―九条花園間（単線）を走らせた。翌年秋には、乗客を運びきれずに九条と築港から発車した電車が市岡で正面衝突して多くの死傷者を出した。この事故を機に線路が複線となった。

一九〇九年、第二期線として東西線（九条―末吉間）、南北線（梅田―難波間）が開通した。大阪最初の交差点が四ツ橋にできた。「行こうか新町、戻ろか堀江、ここが思案の四ツ橋交差点とは、なんてまがいいんでしょう」という唄が大流行したのもこの頃である。以後、第三・四期線、期外線と路線拡張していく。大正期の市電は大阪市の「ドル箱」となっていくのである。図１―４は湊町停車場の様子であるが、パンのマークは「マルキパン」である。同社は日本で初めてチェーンストア（レギュラーチェーン）を展開し、市電の走る交差点沿いに三七

図 1-4　市電（湊町停車場 1936 年）

出所:『目で見る大阪市の 100 年』下巻、郷土出版社、1998 年、27 頁。

の小売店舗を設置した。[15]

市電の有望性は、当時まだ自転車屋の小僧だった松下幸之助（後、パナソニック創業者）にも強い印象を与えた。松下は初めて電車を見た時のことを次のように回顧している。[16]

「チンチン電車といえばのろのろ走る乗り物という感じを与えるが、しかし当時としてはやっと自転車が普及しはじめた頃であるから、その速さといい、一度にたくさんの人を運べることといい、ずいぶん便利なものができたものだと驚いたことはもちろんだが、それと同時に私は電気で動く乗物ということになんとなく引きつけられたのであった。

そこで私は考えた。電車ができたら自転車の需要が少なくなり、その将来は楽観できないのではないか。その反面、電気はあんなに

図 1-5　市電の後ろを走る自転車

出所：昭和初期。大阪府公文書館所蔵。

大きなものを動かす力がある。電車事業の将来の方が明るくはないか…。」

そこで、松下少年は自転車屋を辞めて「電気に関する仕事をしよう」と思い至ったのである。図１―５は市電の後ろを走る自転車である。

鉄道

一八七四年大阪―神戸間の鉄道が開通し、所要時間一時間一〇分、一日の発車回数往復八回だった。しかし運賃上等一円、中等七〇銭、下等四〇銭という高値だったので乗客は少なくもっぱら見物客が多かった。小学校の遠足は十三堤の汽車見物というのが当時の流行だった。（国鉄他の環状線等については「はじめに」参照）

四. 自動車（タクシー）、乗合自動車（バス）

自動車（タクシー）

先に述べた第五回内国勧業博覧会でアメリカ参考館にロコモビル自動車会社ほか数社から蒸気自動車が出品された。これに感銘を受けた船場商人が二台購入し事業化を図った。大阪自動車会社を創立し、梅田―恵比須町間の乗合営業許可を大阪府に願い出た。大阪府は大阪の狭い道を自動車が走る危険を勘案して、「赤帽子と赤旗を持った自動車先走り人をつけること」を条件とした。まだ珍しいものだったためか、紆余曲折あり数年で廃業となった。

一九一〇年大阪に今度はガソリン自動車が登場した。ただあまりに高価だったため富豪ボンボンの娯楽用に過ぎず、一九一二年末の大阪府下には九台しかなかった。一九一七年大阪タクシー会社が登場し、五台に走行メーターをつけて料金を表示した。当時の料金は二分の一里（約二キロ）九〇銭、以上四分の一里ごとに一〇銭を増した。これが大阪最初のタクシーだった。

一九二〇年末の自家用車、ハイヤーは五〇台、タクシー一三〇台で営業者は一三二軒になった。第一次世界大戦の好況により、アメリカ・フォード社が大量生産に乗り出して、新

図 1-6　タクシー

出所:『目で見る大阪市の 100 年』上巻、郷土出版社、1998 年、55 頁。

車一台一、八〇〇円で売り出したため輸入が激増し、これを利用して大阪に小型タクシー会社が族生した（図1―6は一九三四年北区の大阪小型タクシー会社）。運賃は二分の一里七〇銭と下がった。しかし、業者間の競争が激しくなり一九二四年にはとうとう市内一円均一自動車（いわゆる「円タク」）が生まれた。キッカケは次のようなものだった。[17]

一九二四年秋、濃紺色の車体に金筋を一本鉢巻状に引いた金筋タクシーが旧市内一円均一のタクシーを始めた。同社は半年間大阪タクシーの営業実態調査をした。（創業者によると）「タクシー一台の一回平均走行距離が、不思議にも旧市内からほとんど出ない三・三マイル（約五・三キロ）。そこで、これに要する一切の経費を弾き出すと、六十八銭と出た。

このときは思わず小躍りしましたね。これなら一円均一でいける」。

つまり、利用者の多くは意外と大阪市内の移動が中心で、その走行経費が平均六七銭で、一円で平均三三銭(約三割)粗利が見込める算段ができたのだ。しかも「旧市内一円均一やから、梅田から阿倍野までででも。堂島まででも同じこと。ツイているときは、堂島で降ろして新しいお客を乗せ、更に難波で別のお客を拾う、といった案配で、阿倍野へ着いたときには三、四円の水揚げになっている」場合もあったという。

ただし「〝一円均一〟は、画期的な低料金だったとはいえ、まだ本当の〝大衆料金〟とは言えなかった。大正末頃から昭和の初めにかけて、巡査や小学教員の月給は四、五十円。一円といえば大金だ。利用者が増える道理がない。それなのに円タクの出現以後、タクシー業者は増える一方。僅か一年間に約百五十業者、約二千台と、ほぼ二倍になった。これは車庫さえあれば、車が二台でも営業を許可するという、府の許可基準にも原因があったようだ。こうした過当競争が、弊害を生まないわけはない。料金のダンピングが起こり、均一制もメーター制も、有名無実となってお客との〝交渉料金〟が罷り通るようになる。……昭和九年、全国に先駆けて全業者が同一メーター制に足並みを揃える」ことになる。

乗合自動車（バス）

一九二四年大阪市議会の大物（雑魚場魚問屋の）酒井猪太郎が大阪乗合自動車株式会社を

設立した。青塗バスで市内主要道路を走ったので青バスと呼ばれた（業績好調だったが、酒井は後に濫費で失脚した）。これに驚いた大阪市は、一九二六年平野―阿倍野間のバス営業を開始した。車体が銀色だったので「銀バス」と呼ばれた。大阪市は酒井の青バスが（市のドル箱である）市電の客を奪っていくことに危機感を覚えた。以後「青バス」「銀バス」は激しい競争を展開していく。

青バス・銀バスの競争[18]を簡単に述べておくと、まず市営バスが青バスに対抗して、車体を銀色に塗り変え、女車掌に乗馬服を着せた[19]（図1―7参照）。さらに、「銀バス行進曲」を作詞して、当時流行の「道頓堀行進曲」の節でカフェーの女給などに歌わせたのである。

図1-7　市バスの女性車掌

出所：『実記・百年の大阪』明興社、1987年、743頁。

これに対抗して、青バスではバス停でバスの形をした青い焼き物の灰皿を景品としてサービスした。新線をつくると、沿線の家ごとに試乗券と路線図を配って回る。回数券の割引販売、分割立売りも始めたが、なんと回数券を

図 1-8　青バス（大阪バス）の降車風景

出所：大正 13 年頃。大阪府公文書館所蔵。

葬式の「山菓子」代わりに利用した。さらに、福引付き乗車券を発行し乗客を観光旅行に招待した。[20] 図1—8は青バス（大阪バス）の降車の様子である。

昭和恐慌期の一九三一（昭和六）年九月、青バスはついに運賃値下げに踏み切った。一区六銭を五銭とし、業界初の早朝割引も開始した。これに対して銀バスは大阪市営のため料金競争には踏み込めず、市電との共通回数券を出すのが精いっぱいだった。青バスは警察官の天下りが多く、そのためか梅田や難波のターミナルの交差点ではゴー、ストップを手信号でやる交通巡査が「銀バスが止まっていると〝進め〟の信号をし、青バスだと客が乗れるように〝止まれ〟の状態にしておいた」という。競争のピークは一九三四年頃であった。最終、一九三八年大阪市が青バスを買収することで事態は収まるのである。

五．飛行機、私鉄（都市近郊鉄道）、地下鉄（高速鉄道）

飛行機

大阪に飛行機が飛んだのは一九〇七（明治四〇）年三月一二日で、城東練兵場で朝日新聞社が主催となってアメリカの飛行家マースを招いて飛ばせた。見物人は六〇万人とも八〇万人ともいわれた。のち一九二七年朝日新聞社が東西定期航空会を組織して、東京―大阪間の旅客定期運輸を開始した。その際、乗客の姓名を新聞紙上に無料で掲載したのが人気を呼んだ。飛行機で東京に行ったことが世間に知れ渡るのが新人といわれたからだという。

私鉄（都市近郊鉄道）

いわゆる大阪の都市近郊電気鉄道は、明治末期から大正期にかけて族生した。現在の「私鉄王国」の原型がこの時期に完成した。その主要な鉄道の開設年代は次の通りである。

〇南海（旧名、阪堺鉄道）一八八五（明治一八）年難波―大和川間（一九〇七年電化）
〇高野（のち南海と合併）一九〇〇（明治三三）年汐見橋―長野間
〇阪神　一九〇五（明治三八）年出入橋（梅田）―三宮間

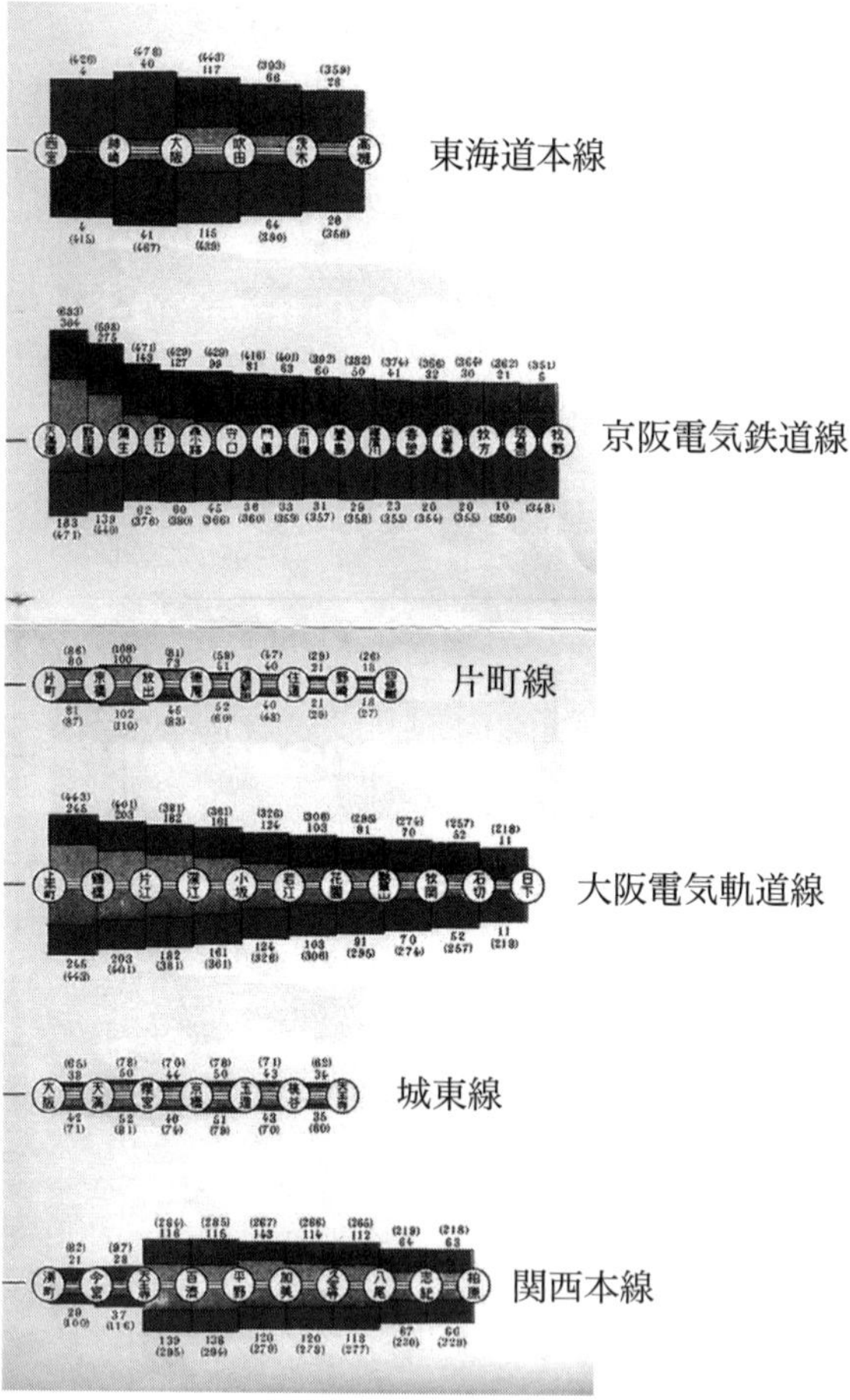

1924 年 10 月、(復刻版) 野田正穂監修『戦間期都市交通史資料

図 1-9　大阪市電以外の鉄道乗客数一覧（1928 年頃）

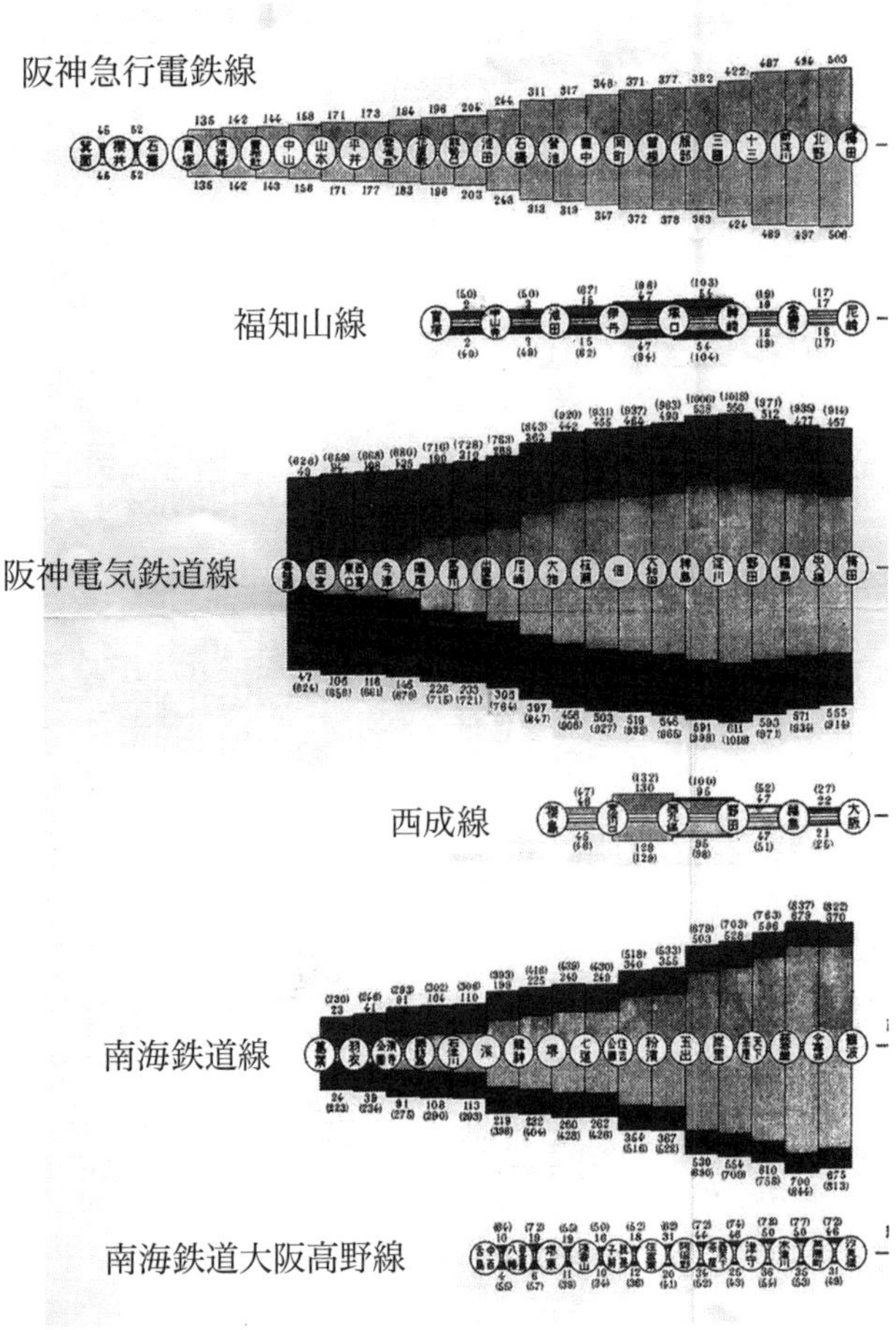

出所：帝国鉄道協会編『大阪市内外高速鉄道調査会報告書付図』同会、集 第 20 巻 旅客運送 六』丸善、2004 年より抜粋。

○阪急（旧名、箕面有馬電気軌道、阪神急行電鉄、京阪神急行電鉄）　一九一〇（明治四三）年　梅田―宝塚―箕面間
○京阪　一九一〇（明治四三）年天満橋―五条間
○阪堺電気軌道（のち南海と合併）　一九一二（明治四五）年恵比須町―浜寺間
○近鉄（旧名、大軌）　一九一四（大正四）年上六―奈良間
○近鉄（旧名、河陽、河南、大鉄）　一八九九（明治三二）柏原―長野間（一九一九年電化）
○新京阪（のち、京阪と合併、現・阪急）
一九二五（大正一四）年天六―淡路間、一九二八年淡路―京都西院間

図1―9は一九二四年頃の大阪市電以外の鉄道乗客一覧である。[21] これは大阪市が地下鉄（高速鉄道）を開設するために調査した資料で、帯の太さが乗客の多さを示している。各線の上側が、大阪市内へ向かうもので、下側が大阪市外へ出て行くものである（東海道線だけは混在）。数字は年間の区域間別乗客数で単位は万人である。色の濃淡は「大大阪区域内」か「大大阪区域外」かの区別である。ここから、客数の多い順に阪神、南海、京阪、大軌、阪急となっており、当時は阪神、南海の利用者の多さが際立っている。また南海高野線を除いて、いわゆる官線（国鉄、現ＪＲ西日本）は乗客数が少ない。これはまだ電化する前で駅数も少なかっ

たからである。

色の濃淡でいうと、濃色の多いのが東海道と京阪で、長距離（大阪―京都間）移動の客が多い路線であることがわかる。逆に色が薄いのが阪急（阪神急行電鉄）や南海で、おおむね大阪府内の乗客が多い。両者の中間が阪神、大軌である。

一九二三年頃市電の車掌・運転手をしていた人が大軌の車掌のサービス振りを見て次のように回顧している[22]。「その頃市電は上本町六丁目が終点で所謂高津焼跡線の東の端である。……私はここへ来てから、感心するというより奇異に感じたことは、大軌上六駅の駅員のサービス振りである。三十才余りの背は高くないが血色のよい丸顔の駅員が深夜『奈良行電車最終』と大声を張りあげて、市電の乗り継ぎ客を案内している。その次に『毎度ご乗車ありがとうございます』と言った。私は八年あまり車掌をしたが、こんなことは言ったことはない。また聞いたこともない。まるで商売人のようであって卑屈のように思えた。然し昭和（一九六八年）の今日では『毎度ご乗車ありがとうございます』は電車やバスの交通従業員のサービス言葉となってしまった」。当時の私鉄・市電の従業員意識の違いがわかって興味深い。

地下鉄（高速鉄道）

地下鉄は大正末期頃、関一市長が市内に一本の貫通した大道路（御堂筋線）および高速鉄道の建設を提唱したことに始まる。関は市電だけでは増大する交通需要をまかなえないと予測していた。

一九二六年政府の認可を受け、市内貫通南北道路として御堂筋を幅二四間（四四メートル）に拡大する工事に着工した。そしてその地下に、高速鉄道を敷設することにした。ところが、その地域は船場、島之内といった大阪の目抜き通りで旧家も多く、用地買収にかかるいくたの問題が生じた。例えば先祖の土地を自分の代でなくしては申し訳ないと土蔵で縊死する旦那衆が出たりして難渋を極めた。結局総工費三、八〇〇万円のうち三、〇〇〇万円が用地買収にかかったという。こうして一九三三年梅田―心斎橋間が開通したのである。

ところが、当初乗客は予想に反して少なく、一日の乗客約一万五〇〇〇人（平成二七年度、約二四四万人）、日収一、三〇〇円であった。あわてた当局は、乗客吸収策として映画館や劇場鑑賞券付き乗車券を発売したが、婦人連の中には川の下を走るのは気味が悪いと避けた者もあったという。

六．戦後の動向とマイカー（乗用車）

ここまでの動向を大阪市交通局の統計によってみると図1―10の通りになる。すなわち、大阪市内では大正期から路面電車の黄金時代が続き、一九二七年頃から乗合自動車（バス）

図 1-10　乗車人員の変遷（一日平均）

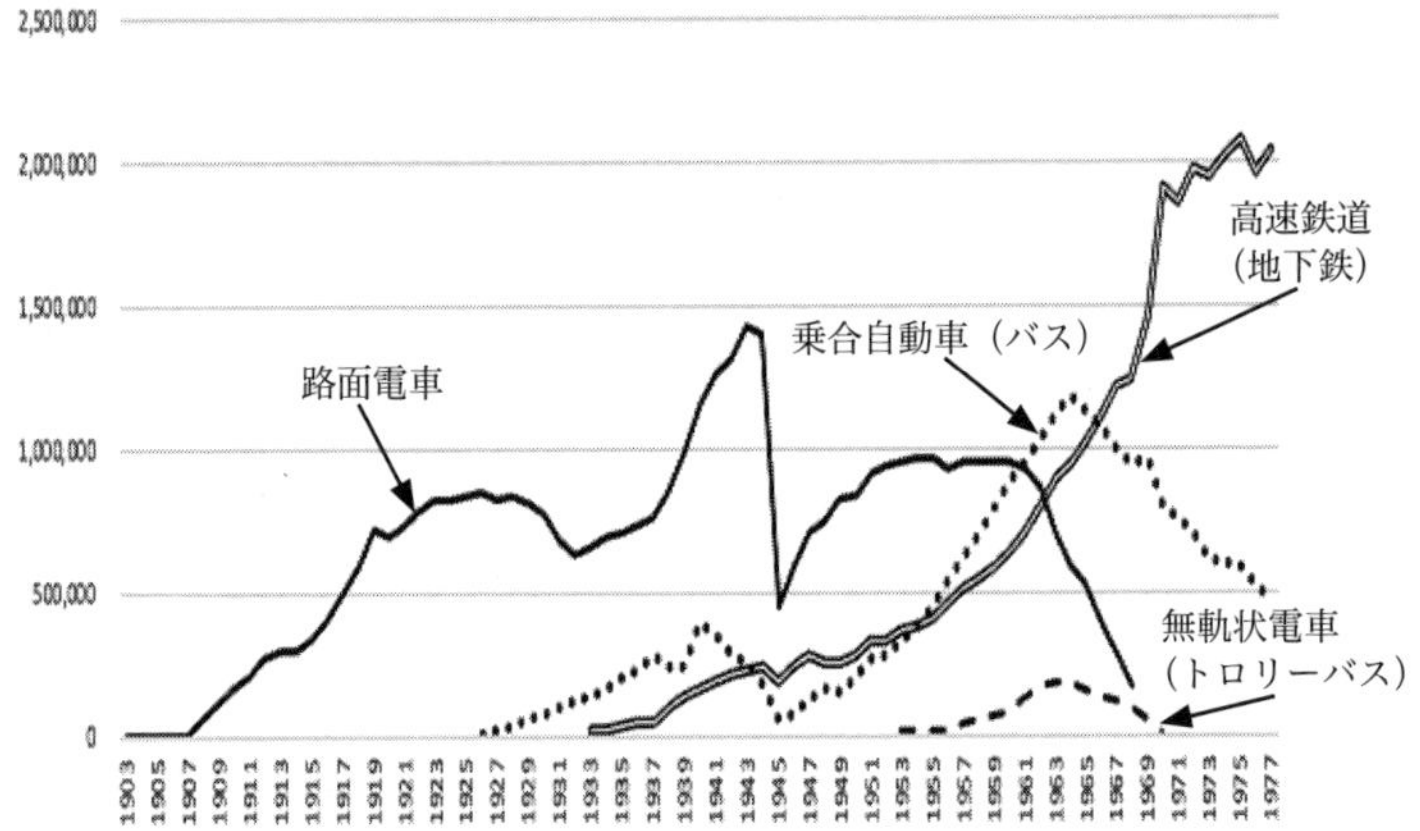

出所：『大阪市交通局七十五年史』（資料編）大阪市交通局、1980 年、15 頁より作成。

が登場し、一〇年後の一九三七年頃には一定の地位を確保する（一九三八年の民営企業の青バス買収の影響も大きい）。第二次世界大戦は市電に大きな損害を与えた。しかしそれでも市電は一九五〇年代までは市民の足として活躍する。一方で乗合自動車（バス）と地下鉄（高速鉄道）が急激な伸びを示し、特に地下鉄は一九七〇年万博開催までに路線網が拡大したこともあり、大阪市内の主要な交通手段となっていくのである。（自動車の増加による交通混雑により）一九六五年頃をピークに乗合自動車（バス）が減少するのに対して、地下鉄にはその心配が全くなかった（無軌状電車はトロリーバスのことをいい、電気で走るものの車輪はゴムタイヤでレールを必要とせず鉄道とバスの利点を兼ね備えたものであった。ただ、当初の期待に対してその効果は限定的であった）。

マイカー（乗用車）[23]

大阪市内の自動車は、一九五〇年から五年で約三倍の急増ぶりだったが、一九五五年に入っても毎年一〇％超増加し続けた。実数で見ると一九五五年九九〇八一台だったものが、一九六〇年には二四四一八七台（約二・五倍）、一九六二年には三六八五九七台（約三・七倍）と急激に増えてきたのである。

このうち、特にマイカー（乗用車）は、一九五八年五月に富士重工が「スバル三六〇セダン」を発売、テントウ虫と呼ばれてヒット商品になり、翌一九五九年八月には日産自動車が小型乗用車「ブルーバード」を発売してヒットした。やがて、一九六五年頃トヨタ自動車が「ニューパブリカ」「カローラ」を発売し、「マイカー」が普通名詞になる大衆車時代の幕開けとなった。以後、交通事故が増加し「交通戦争」なる流行語が生まれることになる。

大阪梅田駅、難波駅の自動車の交通量が増えたことから、交通混雑解消を目的に地下街建設が行われた。なぜなら、密集した市街地での自動車を迂回させるバイパス道路網の整備が困難であったため「車は地上、人は地下」という考えのもとに、歩行者と自動車の分離が計画されたからである。[24]

こうして、大阪の街は、ターミナル駅に百貨店と地下街、ホテル、劇場、映画館など広い意味の商業施設が集中することになった。戦前の市電黄金時代とは異なる「キタ」「ミナミ」という二大盛り場が以後形成されてゆくのである。

注

1　図のおおさか駅西側に掘割が描かれているが、明治期には船で貨物の輸送を行う方が有利であった。

2　大阪の鉄道は明治期に京阪神を結ぶ官線（現、東海道線）、奈良へむかう関西鉄道および大阪鉄道、大阪港に向かう西成鉄道が敷設され、現在のＪＲ西日本の原型ができていた。つまり、関西鉄道が京橋駅を中心にＪＲ関西学研都市線となり、（関西鉄道に合併された）大阪鉄道が天王寺駅を中心にＪＲ関西本線、環状線の一部（新今宮─天王寺─大阪駅間）となり、西成鉄道が大阪駅を起点にして（ＵＳＪへ向かう）ＪＲ夢咲線、環状線の一部（大阪─西九条駅間）となったのである（新修大阪市史編纂委員会編『新修大阪市史』第五巻、大阪市、一九九一年、四六〇─四六五頁、同第六巻、一九九四年、四一九─四二三頁）。

3　赤松義夫「戦中戦後の大阪市交通事情」『大阪市公文書館研究紀要』第八号、一九九六年三月、四八頁。大阪市の市営主義（モンロー主義）については、三木理史『水の都と都市交通─大阪の20世紀』（成山堂書店、二〇〇三年）、同『都市交通の成立』（日本経済評論社、二〇一〇年）、同「大阪市と市内交通機関市営主義─モンロー主義の成立と終焉」（『鉄道ピクトリアル』第九六三号、二〇一九年八月臨時増刊号、（株）電気車研究会、二〇一九年七月）を参照。

4　前掲「戦中戦後の大阪市交通事情」。

5　戦前の寄席・演芸場は東西南北に分散立地していた（堀江誠三『吉本興業を創った人々』ＰＨＰ文庫、二〇一七年、差込図）。戦後、人口が郊外に移動し通勤通学のため市内私鉄ターミナルに多くの乗客が入ってくる。

そして、市内を高速で大量に移動できる地下鉄（高速鉄道）と結ばれることにより、特に乗降客の多い大阪梅田の「キタ」、難波、天王寺の「ミナミ」に商業レジャー施設が集中するようになる。

6　ここでは旅客輸送を中心にしているが、貨物輸送も含めて考えると自転車や、荷車の車両数が圧倒的に多くなる。例えば、一九二五（大正一四）年の大阪府警察統計書では、電車一、三八八、自動車二、八七五、人力車四、五六八、自転車一八五、九二九、乗合自動車一〇、荷牛馬車二〇、四七六、荷車八四、七一〇とある（大阪府警察史編集委員会編『大阪府警察史』第二巻、大阪府警察本部、一九七二年、五四九頁）。

7　より大きな視点からは近代大阪の社会経済の一端を明らかにできればと考えている。なぜなら交通は単に人や貨物の移動を便利にするだけでなく、その背景に社会経済の大きな変化をもたらすと思うからである。例えば、交通の便が良くなることで地方から都市へ人・モノ・金が流れていくかもしれない。逆に都市から地方へ情報が届くかもしれない。そしてそれは人々の意識・行動・習慣を変えていき、最後には社会経済の大きな変化になっていくからである。一五〇年も前に大阪から東京まで日帰り旅行するのは夢だった。それが今ではごく当たり前になっている。

8　以下、特にことわりのない限り、『新修大阪市史』第五、六、八巻（大阪市一九九一、一九九二、一九九四年）、篠崎昌美「大阪の足百年」（『しょうと大阪』第一六号、大阪有名店会、一九六七年一月、一二―一七頁）による。また、宇田正「近代大阪の都市化と市営電気軌道事業の一寄与―市区改正との関連において―」（大阪歴史学会編『近代大阪の歴史的展開』吉川弘文館、一九七六年）、『大阪春秋』第六九号、特集「おおさかの乗りもの」（一九九二年一一月）、大阪交通労働組合編『大交史』（労働旬報社、一九六八年）、『大阪人』第五八号、特集「乗合自動車」（二〇〇四年七月）、辰巳博著・福田静二編『大阪市電が走った街・今昔』（JTBパブリッシング、二〇〇〇年）等も参照した。

9　武知京三『近代日本交通労働史研究』日本経済評論社、一九九二年、六頁。

10　伊藤喜十郎は元々金融業を営んでいたが、一八九〇年第三回内国勧業博覧会で発明品の販売に関心を深め、東京の渋沢栄一を訪ね賛同を得、発明品販売業を開始し紆余曲折あって成功した（『大阪現代人名辞典』文明社、一九一三年、六四―六五頁）。当時、伊藤は巡航船のほか高野鉄道（堺―河内長野間、後の南海高野線）、大阪馬車鉄道（大阪梅田―湊町間、後に市電に権利譲渡）、浪速軌道（大阪市東区今橋東詰―谷町三丁目間、営業権のみ、後に市電に権利譲渡）の経営陣に加わっていた（『イトーキのあゆみ』同社、一九七〇年、一三―一六頁）。

11　市長の鶴原には（欧米の）市営主義を大阪に合う形でいち早く導入した点で先見の明があったといわれる（竹中龍雄「故鶴原大阪市長の市営企業政策」『大大阪』第一四巻第九号、一九三八年九月）。

12　前掲『イトーキの歩み』一五頁。

13　『大阪市交通局七十五年史』（資料編）大阪市交通局、一九八〇年、一五頁。

14　島田義博「人力車と巡航船」『大阪春秋』第六九号、一九九二年一一月、三六頁。

15　谷内正往『戦前大阪の鉄道駅小売事業』五絃舎、二〇一七年、第五章。

16　松下幸之助「市電に教えられる」『市電―市民とともに六五年―』大阪市交通局、一九六九年、七六頁。

17　「円タク時代①」読売新聞大阪本社社会部『実記・百年の大阪』朋興社、一九八八年、六八七―六九〇頁。

18　「青バス、銀バス①②」読売新聞大阪本社社会部『実記・百年の大阪』朋興社、一九八八年、七四一―七四五頁。

19　この点村上信彦氏によると、女性採用は運転手の女房役、低賃金という意味もあったが「サービス」面も大きかったという。すなわちバスの女車掌は「電車や汽車よりもはるかに狭い車体のなかで、絶えず男の乗客と身近に接し、切符を切り、言葉を交わすのである。カフェや喫茶店を別にすれば、当時の男はこのようなかたちでしか若い娘と接触する機会を持っていなかった」（村上信彦『大正期の職業婦人』ドメス出版、一九八三年、一六八頁）。だから、経営者は意図的に女性を採用し利用者を増やしたという。同じことは、映画館の窓口で切符を切る案内嬢、ガソリンスタンドの女売子、女写真師、婦人記者などにあてはまる。例えば、ある婦人記者は作家から「逆立ちしてみせたら、原稿を書いてやる」と言われ、悩んだ揚句、ついに意を決して逆立ちしたという（同前、一六七

―一六八頁）。

20 「青バスの伊勢参宮、日光遊覧、三聖地参拝、満州視察旅行等の招待抽選券付回数券売出し、市バスの観艦式拝観者招待抽選券付、南紀遊覧抽選券付回数券売出し」が約一年間繰り広げられた（筒江保介「十五年間に亘る市バス青バス闘争史」『大大阪』第一四巻第一一号、一九三八年一一月、三四頁）。

21 帝国鉄道協会編『大阪市内外高速鉄道調査会報告書付図』同会、一九二四年一〇月、（復刻版）野田正穂監修『戦間期都市交通史資料集 第20巻 旅客運送 六』丸善、二〇〇四年より抜粋。

22 鎌田伊太郎『曽根崎から大阪市電』文芸図書・学術図書出版、一九六八年、一四五―一四六頁。この人は、一八八八（明治二一）年生まれで一九一二（明治四五）年一月大阪市電気鉄道部車掌見習いとなり、一九四五（昭和二〇）年一一月に依願退職するまで約三〇年以上市電に勤務していた（同前、奥付）。

23 『新修大阪市史』第八巻、大阪市、一九九二年、五八三―五八四頁。

24 地下街については、谷内正往「大阪の鉄道と地下街」井田泰人編著『鉄道と商業』晃洋書房、二〇一九年四月を参照のこと。

コラム【1】鉄道を使った戦前の百貨店万引き（一九四〇年）

戦前、百貨店で万引きした大量の商品を鉄道で運んだ犯罪集団が検挙された。たまたま「万引き」で新聞記事を検索していると出てきたのだが、その概要は以下の通りであった。

上野署で昨年末ごろから検挙を続行中の万引名手の集団〝東京コース班〟のうち〝百貨店組〟の一味が十三日（一九四〇年三月一三日―引用者）送局された、前科十三犯田中辰之助（五〇）を首犯に一番前科の少ない元奈良県小学校訓導、同二犯松原繁信（三五）ら万引き常習者七名いづれも一昨年大阪で開かれた万引き競技会に四、五尺のトランクや一度に反物卅反をせしめたといふ優勝者と故買の池田平蔵（四三）の八名

百貨店を荒らすのは省線、地下鉄、京浜の三コースに分れ三名乃至四名が見張り、万引き、運搬と分業で省線コースは上野松坂屋を振り出しに万引きした品物は上野駅へ一時預けとして次は省線を利用して大塚白木屋、新宿伊勢丹、三越、渋谷東横、五反田白木屋の順で荒し廻り贓品はいづれも最寄りの駅へ次々に一時預けとし最後に松坂屋へ舞ひ戻り、また万引きして上野駅に至り全部の品物をその場で荷造りして大阪の池田へ送る、地下鉄コースは地下鉄で銀座松屋、松坂屋、日本橋高島屋、白木屋、三越、上野松坂屋、白木屋、三越、上野松坂屋、浅草松屋の順でこの贓品は運搬役が喫茶店等で待ち受ける、京浜コースも同様京浜電車で大森白木屋、川崎小宮（小美屋―引用者）百貨店、横浜松屋、野沢屋を荒らしてゐたもので昨年十一、十二両月の間に高価な反物専門に十万円を稼ぎ贓品は三分の一位の値段で売捌いてゐた。

なほ同班のうち小売商を狙ふ〝平場組〟も首班花澤真一（㊂五）小林勝太郎（五二）中村吉之助（四八）ら五名が同署に検挙されてゐる（「万引競技会の優勝者揃い」『読売新聞』一九四〇年三月一四日付、夕刊第二面）。

鉄道を使った万引き集団のうち「百貨店組」は、省線（現、ＪＲ東日本）、地下鉄、京浜の各社に分かれて犯行におよんだ。反物三〇反も万引きする猛者《もさ》もいたという。

東京では鉄道駅に大手百貨店が立地していたためにこうした犯罪が成立したと見ることができる。駅の一時預かりや近くの喫茶店を盗品の基地として、足がつくのを恐れて盗品を大阪の池田へ転送している。商品は反物など高価な商品を中心として、定価の三分の一ほどで転売している。前科一三犯の男が中心となり、前科二犯の元小学校訓導が参加していること、盗品を引き受ける業者が存在していることから、組織的な犯罪取引のグループが形成されていたようである。

第2章　大阪になぜ「南海百貨店」がないのか

はじめに

現在、関西大手私鉄の多くはターミナル（終着駅）に百貨店を併設していることが多い。阪急、阪神は梅田駅にそれぞれ阪急百貨店、阪神百貨店を設置している。京阪は守口駅に京阪百貨店を（戦前は天満橋等に京阪デパート）、近鉄は上本町駅と阿部野橋駅に近鉄百貨店（戦前は大軌百貨店と大鉄百貨店）を置いている。しかるに、南海は難波駅に「南海百貨店」ではなく、高島屋を入居させている。これは一体どういうことであろうか。

二〇一八年二月二十二日テレビの夕方情報番組「キャスト」（ABC朝日放送、関西ローカル）に視聴者から質問があったそうで、筆者（谷内）が取材を受けて、その理由を専門の立場から、以下の通り答えた。

すなわち、一九三二（昭和七）年南海難波駅のビル新築に合わせて、高島屋が入居したため南海直営の「南海百貨店」は設置されなかったということだ。当時高島屋は難波駅近くの堺筋に高島屋長堀店を開いていたが、大阪の都市計画により御堂筋がメインストリートになることを見越して全社をあげて南海電鉄の難波駅ビルへの出店を決断したのである。高島屋にとっては難波駅に「南海百貨店」ができることは、長堀店との競合が避けられずなんとしても阻止したかったからである。一方、南海のほうも当時自ら百貨店を直営する意図がなかったようで、その点両者の利害が一致したのである。

ここでは、そのとき語りきれなかったことをいま少し述べてみたい。結論からいうと、昭和初期の新聞、雑誌、会社の営業報告書等に「南海百貨店」という名称は出てこない。見たこともない。

そこで、まず戦前の南海電鉄と高島屋の経営動向を一瞥し、資料的に明らかになっていることを拙著『戦前大阪の鉄道とデパート』等[1]をもとに確認しておきたい。次に戦後の南海電鉄が難波駅になんばCITYなど商業施設を建設していく過程をとりあげたい。すでに高島屋があったためか、同社は戦後も百貨店経営に踏み出すことはなかった。[2]

一．戦前大阪のターミナル・デパート[3]

鉄道会社のデパート事業の嚆矢は阪急百貨店である。阪急（元、阪神急行電鉄）は本業の運輸事業に加えて電灯事業や自動車、不動産や遊園地、百貨店を兼営することで経営の安定を図ってきた。いわゆる「阪急商法」である。一九二九～一九三五年の運輸収入の一日平均は約一万八、〇〇〇～約二万円であったが、阪急百貨店の一日平均売上高（推定）は一九二九（昭和四）年の開店時約二万円で、その二年後（一九三一年）の第二期増床時には約三万円、さらに一九三二年の第三期増床期には約五万円まで増加した。利益額は本業の運輸に次いで第二位だった。

阪急の成功に刺激されて、京阪デパート、（三笠屋の後の）大軌百貨店、大鉄百貨店が開業した（阪神百貨店は戦前未設）。呉服系百貨店では南海難波駅に高島屋が出店した。これらは鉄道の終着駅（ターミナル）に出店したので、一般にターミナル・デパートと呼ばれる。デパートの経営形態は直営、共同経営、賃貸方式などさまざまあるが、共通点は各社とも路線拡張によるターミナル・ビル建築時にデパートを開業していることである。すなわち、沿線の乗降客を増やす（沿線培養）ためにデパートが利用されたのである。乗降客がターゲットなので、繁忙期は平日の夕方ラッシュアワー時であった。ここにターミナル・デパートの特徴がある。

阪急の場合、百貨店事業の起源は宝塚少女歌劇石鹸の販売（大正末頃）にまでさかのぼる。石鹸の広告には「一圓のものが四十五銭で買へる　買へば買ふほど利益がある」「お客様方の御利益のみを考へて全くの原価で賣つてゐる」とある。阪急は石鹸に加えてシュークリーム、ミルクキャラメルも廉価で販売した。石鹸のチラシには（わざわざ宝塚に来てくれたお客様に対して）「電車賃が只になった位の何かお埋合せをしなければすまない、それには出来る丈お土産をお安く差し上げるのが一番便利で実用的であると考へまして、この石鹸をこしらへて発売いたしましたのです」と理由を説明している。当時、雑誌『ダイヤモンド』主幹の石山賢吉はこれを高く評価して、宝塚少女歌劇石鹸を複雑化・大規模化したものが阪急マーケット（後の阪急百貨店）であると誌面に書いた。

一方、大軌百貨店（現、近鉄百貨店上本町店）の場合は、本体の大軌（大阪電気軌道、後の近鉄奈良線、大阪線）が姉妹会社の参宮急行電鉄の伊勢延伸、次いで伊勢電合併と関西急行電鉄設立による名古屋進出を果したこと、沿線住民が増加したことによって乗降客へ便宜を図る目的で設立された。大鉄百貨店（現、あべのハルカス近鉄本店）の場合は、本体の大鉄が再建途上で、経営者の佐竹三吾が阪急から兼業のノウハウを直接吸収して別会社で設立された。

こうした電鉄系百貨店に対して、呉服系百貨店はどのように対応したのだろうか。阪急が約五万円の売上高をあげた時、白木屋大阪本店が閉鎖された。三越は鉄道ターミナルへの出店を探っていたようだが果たせず。松坂屋は店舗を増床して集客につとめた。

一方、一九三三年の地下鉄開通（梅田—心斎橋間）を機に、そごう、大丸は心斎橋筋側だけでなく、御堂筋側にも店舗を拡張し入口を設けた。さらに地下鉄心斎橋駅に地下入口を設けて、そこからも乗降客を吸収しようとした。つまり、鉄道駅の近くに店舗を構える努力をしていたのである（ただし、そのような努力は東京の呉服系百貨店の方が先行していた）。

このように、戦前の大阪では、阪急百貨店の大規模化に刺激を受けて、私鉄各社が（乗降客が増える）鉄道ターミナル駅・主要駅に競ってデパートを（いろいろな経営形態で）開業したのである。

ところで、南海および高島屋はどのように対応したのだろうか。それぞれ詳しく見ていきたい。

二．南海難波駅の高島屋[4]

高島屋は一九二二（大正一二）年に堺筋・長堀店を出店していた。しかし、そごう、大丸と同じく大阪市の御堂筋拡張計画が具体化すると、それを「大問題」と考えていた。[5]

そんな中、一九二八（昭和三）年四月同社は南海鉄道が難波にターミナルビルを建設するという情報を入手した。すなわち、「（南海鉄道では—引用者）沿線開発が進むにつれて、難波駅ならびに南海鉄道本社の建物が漸次狭隘を告ぐるに至り、ここに改築の議起こり、これを一大ターミナルビルディングとし、戎橋筋、心斎橋筋等の繁華街、道頓堀、千日前等の歓楽境と至近にある立地条件を利用することに決した」。ビルディングは「復興式鉄骨鉄筋コンクリート造、間口九六間、高さ地上一〇〇尺、延一三〇〇〇余坪」で、その「建物の大部分を自社以外に賃貸する計画をすすめているとのこと」であった。[6]すでに三越が交渉に入っているという情報も入手していた。

そこで高島屋の首脳は種々協議を重ね、「万難を排して南海ビルを賃借すべきであるとの方針一決」した。ただし、飯田新七社長（四代）は「当時の店勢に照らし、長堀・南海の同時経営は、非常な重荷になるのではないか、と頗る慎重であった」。しかし、「南海沿線において獲得されるであろう顧客層の実情を調査し、やがて完成する地下鉄一号線開通のあかつきにおける乗降客の推計などあらゆるデータにもとづく検討を行った」結果、「社長の脳裏にもようやく明るい見通しが立ち、ここに断を下し」[7]た。

情報入手のわずか三か月後の七月二日、高島屋は南海鉄道と賃貸契約を結ぶのであった。[8]さらに、翌年一九二九年十一月に南海沿線の岸和田出張所（木造二階建て、延約三〇〇坪）を開き[9]、一九三一年九月に同じく沿線の和歌山出張店（木造一部二階建て延約二〇〇坪）を開店した[10]のである。

ここから高島屋は、難波駅のターミナルとしての将来性を予見し、また南海鉄道の沿線需要を見て取って出店し、同社の「沿線培養」にも一役買うことになるのである。実は、同じ頃高島屋は大阪の阪神梅田ターミナルにも出店を計画していた。[11]

ところで、高島屋南海店を（先発のターミナル・デパートである）阪急百貨店と比較して、同時代のジャーナリスト北尾鐐之助は次のように評している。[12]

南海の高島屋は、はじめすべて阪急を手本としようと試みて失敗した（傍線引用者、以下同じ）。北と南とでは、周囲の社会層が著しく異つてゐる。阪急が、沿線のインテリ階層をぴつたりと掴んでいるやうには行かない。そこで昨今では、双方とも、お互ひに己の行くべき道がはつきりして来て、漸く営業方針を確立し始めた。阪急は安く売る理由として、家賃が要らぬからだと云ひ、高島屋は、長堀の旧館に特殊性をつくつて、南海ビルは、あらゆる階級に奉仕のためだと云つてゐる。

高島屋南海店が、当初阪急百貨店を手本にしていたとは、意外[13]であるが、一方で（高島屋の）長堀店と南海店の違いは納得できる。例えば、一九三二年度の高島屋長堀店と南海店の部門別売上シェアを見ると、長堀店＝呉服部四二・三％、雑貨部三二・〇％、食料品部六・九％、均一部三・一％、食堂三・八％、催物六・六％、洋服部五・三％で、南海店＝雑貨部二八・四％、食料品部二二・七%、食堂一六・六%、催物一二・〇%、均一部一〇・五%、呉服部九・七%、洋服部〇・〇%であった。[14] 長堀店の呉服・雑貨優位に対して、南海店は雑貨・食料品・食堂が中心で、呉服の割合がとりわけ低いことがわかる。南海店は呉服系百貨店とは明らかに異なるカテゴリーの店舗ということができる。図2―1は難波駅南海ビルを上空からながめたものである。

地下鉄開通直後の高島屋南海店をめぐる交通事情は次の通りであった。[15]

> 南海高島屋は地下鉄が開通しなくても、地の利を得て、とても繁盛してゐたものである(傍線、引用者)、それに何しろ南海鉄道の難波駅をひかへてゐるからであり、南地の盛り場千日前、それに心斎橋筋の南への突き當りにあるからである。
>
> けれども、仮に、北の方面から出掛けると云ふことになると、御堂筋を真直ぐには行けず、バスも、市電も皆相當迂回しなければならぬし、又た市電の如きは是非とも、一度は乗替《ママ》をしなければならぬような不便もあつた、
>
> それが地下鉄の難波開通で、すつかり便利になつたのである、市電に乗れば六銭であるが、バスに乗れば、二區以上だから、地下鉄の十銭は決して、新らしい負担ではなく、それに難波、梅田間は八分である、おまけに地下鉄は、グングン高島屋の建物の地下へ侵入

図 2-1　上空からながめた南海ビル（昭和初期）

出所：山田久太郎編『五拾年史』南海鉄道株式会社、1936 年、2 頁。

するのである。

それで開通當時など、高島屋は、全く身動きも出来ないほどの人が押掛けてゐたが、その後も、地下鉄から来るお客が、少しも落ちない、それに南海難波駅へ乗りつけるお客も是非高島屋を通らねばならぬことになるから、では、買物は高島屋と云ふことになるわけである。

もともと難波駅周辺は繁華街であったが、ここに梅田から地下鉄が走ってくることによって、バスや市電のような乗換もいらず、八分というその速さによって、多くの人が押し掛けてきたことがわかる。高島屋南海店の特徴は次の通りであった。[16]

……高島屋は南海ビルに進出するまで京都烏丸の本店と、大阪長堀橋畔《ほとり》の店舗だけで営業機構もちいさく、また経営方針も極度に消極的であつた。ところが南海ビルに進出すると同時に因習の殻を破つて積極的に邁進、最近には『皆様の高島屋』として素晴らしき発展を見せてゐる。

営業方針は、中産のクラスをねらつた大衆向きで、従来のやうな高島屋の独特を誇る高級品よりも回転率の多い日用雑貨を主とし、食料品の販売や食堂経営には非常に力を入れている。特に大大阪の南玄関口を扼《やく》し百貨店として地の利を占め、南海沿線の消費大衆を、しつかりつかんでゐるところに強みがある。
南海高島屋の現在の店舗は一萬坪であるが、更に売場面積坪数の拡大をはかる為に家主の南海鉄道には来年中に別の建物を建てゝこれに引っ越してもらひ、南海ビル全館一萬二千六百坪全部を占據《せんきょ》する計畫《けいかく》をもつてゐる。

高島屋南海店は顧客層に合わせて「回転率の多い日用雑貨を主とし、食料品の販売や食堂経営」に力を入れている。しかも、売場面積の拡大を計画していることもわかる。ここから、地下鉄開通が同店拡大の「起爆剤」だったと推測されるのである。[17]

三．南海電鉄が百貨店を直営しなかった理由

戦前の南海

さて、高島屋に対して南海電鉄[18]にはどのような事情があったのだろうか。南海電鉄は一八八四年六月大阪財界の有力者が集まって大阪堺間鉄道（後、阪堺鉄道）として敷設され、一八八八年五月難波―堺間を全線開通した。（官営釜石鉱山の）払い下げの蒸気機関車を使

用したので初期投資が少なく、一方で交通需要が大きかったので当初から儲かった。その後、いろいろあって難波―和歌山市間が全通し（一九〇三年）、会社名も南海鉄道となり、鉄道国有化からも免れた。一九一一年難波―和歌山市間の全線電化が完成してからは「電車」として競争路線に対抗する基盤も固めた。電化してからは南海電気鉄道と改称した。

同社には浪速電気軌道や阪堺電気軌道など競争路線が多くあり、それらを合併して路線を拡大していった。合併の際には（規模の小さな）相手方の会社を社長に迎えるなど合併される会社への配慮が行き届いていた。[19]

昭和初期には阪和電気鉄道[20]（現、ＪＲ阪和線）との激しい競争もあったが、戦時統合によって、一時近鉄と合併することになる。戦後は独立して今日に至る。

難波駅南海ビル建設の頃

昭和初期難波駅に南海ビルが建設される直前（一九二九年三月）の状況は次のようであった。[21]

：（南海は―引用者）難波、天下茶屋間を高架複々線とし、難波駅ビルヂングは面積一千坪、地下地上八階建で、乗降場は八両連結の列車を、同時に十列車発着出来る設備とするもので、工事は来る四月より本館の基礎工事に着手する…本館の工事には二期若しくは三期に分つて建設を進める予定であるが、同時に同ビルヂングは大百貨店として高島屋の進出をみることゝなるは予ねて屢報した所であるが如く、同ビルヂングの建設に対しては高島屋の希望条件も多分に加味して欧米百貨店建設の粋を抜き、ルネツサンス式白亜の大殿堂たらしむる計画である

この時期南海は交通量の増加に対応すべく、各種の路線改良を進めており[22]、難波―天下茶屋間を高架複々線化し、終点（ターミナル）の難波駅のホーム（乗降場）を八両連結車を一〇列発着できるように改築しようとしている。ビルは地上八階建として、高島屋に賃貸するとしている。この点について、当時の専務取締役岡田意一[23]（後、社長）はあるインタビューに次の通り答えている[24]。

井尾「御社の建築（南海ビル―引用者）も進んで居るやうですね」
岡田「之れはビルヂングにして間貸をして行くから別に配当の方に影響しない訳です」
井尾「然し大きな建築をされたり、高架にされたりするには相当金が入りませう」
岡田「‥兎に角株主の方では配当を多く貰ふことを欲して居るが、之れは半ば公益事業であるかに《らカ》、そうもゆかぬと、却々その辺が六ケ敷い処です、まア大体から言つて日本の鉄道でも電鉄でも乗客がまだ〳〵多くなる傾向は持つて居るが、只此の頃な不景気

であるため減収を見て居るかも知れぬが…、要するに何事業に依らず最初ウンと金をかけた当座は随分苦しいが、夫れが段々儲かつてゆくやうになるまでの辛棒が肝心です」

つまり、南海難波駅はビルにして高島屋に「間貸」をするので、会社の株式配当には影響しないと考えている。つまり自社で百貨店を直営しないというのである[25]（この時期、南海には百貨店を直営する意思はなかったようである）。

さらに当時の拡大投資については、鉄道が公益事業であるため、収支を合わせるのに難しい面もある、また最近の不景気（昭和恐慌）もあるが、乗客が増えていることに希望をもっているからだという。要するに、まずは本業の輸送事業に注力し、百貨店等の兼業にはそれほど関心がなかったのであろう。

当時、雑誌『実業之大阪』が阪急と対比させる形で南海の経営的特徴を明らかにしている[26]。同誌によると、第一に路線網である。「南海は一方の終点に和歌山市をもつてゐるが、到底それは阪急の神戸に及ばない、南海は霊地高野山をもつてゐるが阪急の娯楽の町宝塚とは比較してどうであるか」という。

第二に娯楽施設である。南海は宝塚のような娯楽施設はもっていないが、「海へ海岸へと行く南海ではいたる所に海水浴場をもつている」。これに対して阪急は宝塚にプールを設け、五〇〇〇人（第二期工事で一万人）の観覧者を収容するという。両社はそれぞれ競争路線があり（阪急ｖｓ阪神、南海ｖｓ阪和）、自社の娯楽施設が競争相手を利する可能性を懸念しているという。

第三に事業利益の中身である。（昭和恐慌の影響もあり）元々両社の株主配当は一割三分だったが、阪急が一割一分、南海は一割配当になった。この辺の事情を事業利益の中身の違いから次のよう記述する。やや長文になるが、本題に関わることなのでそのまま引用する。

…南海では今度の南海ビルの完成によりてその家賃収入が払込資本に対する、一分弱の配当力を増してくれる（傍線引用者、以下同じ）ことになつてゐる。阪急では前期の決算に於て電鉄では減収をしてゐるが百貨店で儲けてゐると云つてゐる、百貨店と云ふものが果してどれだけ儲かるものであるかといふことに疑問を抱かれてゐはするけれども、たしかに阪急百貨店は繁昌してゐる、直営勝つか、賃貸勝つかといふことも南海と阪急とを対象《(照カ)》して検討の歩を進めて行く以上、大なる興味はあるが要するにそれは経営者の態度一つであり、南海としては矢張り賃貸の安全性十分なるものをとつたことに強みがある。

然らばこの二つの電鉄の将来はどうか運命線はどうかといふことになる訳であるが、それは電鉄としては南海に堅実性があり副業的には阪急に軍配をあげなければならぬ、では南海は何故に副業をやらないかと云ふに、これは地理的関係からして到底阪急の真似をすることは出来ないのであつて、実をいふと阪急の乗客といふものには遊覧気分が相当漂ふてゐるのであるが、南海では遊ぶといふよりも実用商用といふ気分が漂ふてゐるのだから、南海で阪急を学んであゝした娯楽的な副業をしても第一何処に土地を求めるかと云ふことが問題になり、とても阪急のようには人気が立たないのである。

阪急では更に宝塚線の沿線に於て大産業計画をやつてゐるといふことであり、それには養鶏をやり養豚をやりその他都市即ち大阪へ販路を求める蔬菜の栽培をやり、第一には沿道に対する自足自給をやると云つてゐるがこれは山のと田園の関係でさうにもなるのである。それに対して南海の沿道といふものは工業的に非常に発達してゐる、泉州から紀州にかけても綿織物工業の如きこれは日本第一と云つてもいゝのであり、その他瓦とか煉瓦とか紡織会社があるとか、可なり近代工業的発展をしていゐると同時に農事に於ても樺太までに行つてゐるといふ泉州玉ネギがある。だから南海としてはどうしても一般的に景気がよくなつて綿業が盛大にならなければならぬ。そうして小さい問題のようであるが玉ネギの値が出る（上がる?—引用者）ことに於てもグンと運賃収入を増すのであつて、一見して南海は乗客の電鉄のようにも思はれるが実は荷物収入を書き入れとすべき電鉄でもあるのである。：南海としては世間の景気が好くなると沿道そのものが南海を肥やしてくれるのである。遊覧でなくてそれは実業的である。

ここから駅ビルを南海は賃貸し、阪急は（百貨店）直営をやる、それは南海の経営者が賃貸の安全性を優先したことによるという。さらに、阪急には「遊覧気分」があるが、南海には「実用商用気分」があって、南海が阪急の真似をしてもうまくいかない。阪急は沿線に養鶏場、養豚場を経営して自給自足を構想しているが、南海は沿線に（煉瓦や綿業、紡織など）近代的な工業が発達しており、一方で泉州玉ネギなど特産品もありその貨物収入もばかにならない。結局、南海の事業利益は景気と連動しており、それは阪急の「遊覧的」ではなく「実業的」なものだというのである（第二節で南海ビルの高島屋が阪急の真似をしてうまくいかなかったことを紹介したが、たしかに両社の沿線はそれぞれ異なっているため、その客層も当然異なっているのだと納得できる）。

第四に互いの経営者である。南海の岡田意一は元鉄道省の役人であったが、阪急の小林一三や上田寧は創業時代から阪急におり役人経験がない。「更に大きな問題として阪急は小林社長が大株主であつて小林社長は社員を株主たらしめる方針をもつてゐる」ことであり、社員から重役になつた者がいる。つまり経営者としての権限が存分に振えるのである。

一方「南海では社外重役に根津（嘉一郎）や寺田（甚吉）とかいふ大株主があり岡田社長にしても村山専務にしても常にこの大株主から左右されがちである」。阪急の小林のような権限がないという意味で「南海は常務重役の実力が阪急の常務重役の如く有力で無いと云ふ欠点がある」のである。

以上、「要するに阪急と南海とは非常にその形に於て酷似し内状に於ては相反的なものが多い」という。同じような電鉄経営で事業利益を得ているように見えてその実、ビル経営、沿線の産業、経営者の権限などが違っているため、そのビジネス展開も異なっているというわけである。

いま、先行研究によって戦前南海の経営的特徴[27]を見ておくと、第一に、同社は歴史が古く建設費が安かったので「高配当」を維持することができた。また競争線の合併により収益の悪化を避けることもできた。第二に、意外と貨車収入の比重が高かった。すなわち、泉州の玉ねぎや牛、繊維類の輸送が好調であった。第三に、定期券利用客の多さが群を抜いていた。大正末年の調査によると、定期券を利用して大阪市内に流入してくる者は、国鉄私鉄合わせて約七万人であるが、そのうち南海鉄道は二万五〇〇〇人、三六％を占め、圧倒的に多かった（阪神・京阪・阪急や国鉄線は南海の三分の一、それぞれ一二％前後）。当時は乗車時間三〇分が定期券利用の限界であったようで、私鉄の中で南海は近距離が最も多く、五マイル（約八ｋｍ）以内に八〇％、一〇マイル（約一六ｋｍ）以内だと九五％余が含まれていた。一方ミナミの繁華街では、大正末期からカフェーやバーが増え始め「赤い灯青い灯」の女給さん達が終電車を賑わせた。

結局のところ、南海は（競争相手を合併して営業キロを伸ばして）本業による増収が見込めたので、兼業（百貨店直営）への動機が抑制されたのであろう。

戦後の南海

戦後、南海電気鉄道は流通部門にも積極的に進出する。[28]（他社と比べると）「ややたちおくれの感があったとはいえ、南海商事㈱、㈱新南海ストア、南海道流通開発など、関連会社の経営により、電鉄沿線で販売店を主とするもの、あるいは電鉄の駅施設を離れてストア、マーケットを営むものなど」をスタートさせた。

その理由として、「昭和四〇（一九六五）年代以降、鉄道線貨物営業の順次廃止などから生じる駅周辺遊休地の効率的活用が、経営上の大きな要請となってきた」からである。「このため、不動産部門を中心に貸ビル、貸店舗事業の開発に取り組み[29]、付帯事業収入の増加と安定収益源の確保につとめ」た。以下、同社の流通事業の概要を見ておきたい。[30]

第一になんばＣＩＴＹの建設である。一九六五年以降の泉北ニュータウン（大阪府堺市）や橋本林間田園都市（和歌山県橋本市）、大阪府南部・泉南地域の住宅開発などによる旅客の増加に対応するため、同社は一九七二年五月難波駅の大改造に着手した。

工事の概要としては、三階部分にプラットホームを建設し、併せて地下三階、地上三階建ての難波ターミナルビル（敷地面積四万三〇〇七㎡、延床面積一三万四八三四㎡）を建設し、駅施設とショッピングスペースを結びつけるものであった。[31]

図2―2は難波駅改造前から、第一期工事（一九七四年）、第二期工事（一九七六年）、そして第三期工事（一九八〇年）の完成までの経過を示している。

図 2-2　難波駅改造整備建設工事の変遷

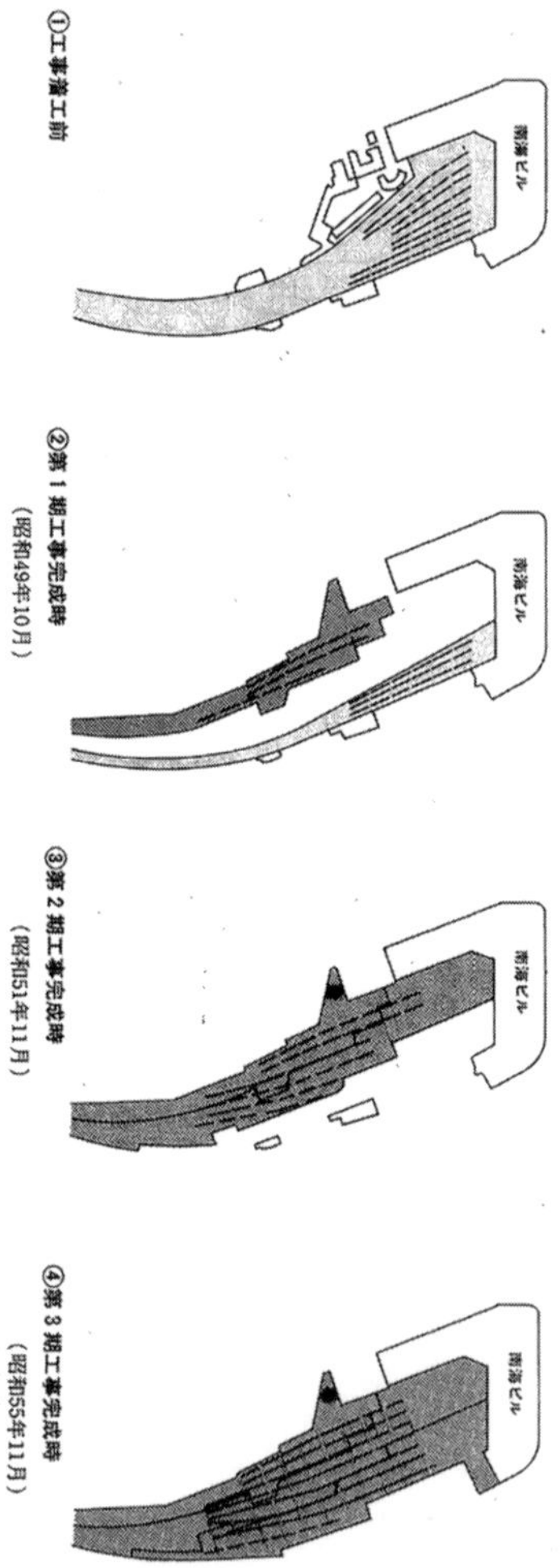

出所：『南海の駅』南海電気鉄道株式会社、1980 年、9 頁。

建設は（前出）南海道流通開発の経営で、提携関係にあった西武流通グループの支援（人材派遣およびノウハウ提供）を受けた。これは、当時の南海社長川勝伝と西武の代表堤清二がともに

（経済同友会）財界人として日中友好を推進したことを機に交流が深まったからである。[32]

そうなると戦前からのターミナルビル店子の高島屋との関係はどうなるのか。川勝は「百貨店中心の高島屋に比べて、駅のストア、スーパーからファッションまで、幅広い西武のノウハウこそ、うちに必要だった」という。[33] 高島屋とは、なんばＣＩＴＹ建設を契機に関係が深まっていく。すなわち、川勝が高島屋の非常勤取締役になったり、「南海ホークス高島屋応援会」が結成されたりするのである。[34]

なんばＣＩＴＹは、第一次（一九七八年一一月二日、店舗数一一九店）と第二次（一九八〇年三月二〇日、店舗数三三三店、総店舗面積二万五〇〇〇㎡）にわけて完成した。第一次はファッション部門が中心で、第二次はホビー、スポーツ、レストラン、レジャーの比重が高まった。具体的には、一般店舗二六一店中、服飾一三一店（紳士服一五店、キャラクター二〇店、婦人服五二店、子供服三店、ハンドバック四店、靴七店、呉服四店、服飾雑貨六店、毛皮・アクセサリー五店、ファッションプラザ一五店）、生活文化四八店（ジュエリー七店、メガネ三店、書籍・音楽七店、雑貨・手芸一一店、玩具・ファンシー雑貨九店、スポーツ用品一一店）、サービス三店、飲食七九店（喫茶二九店、軽食一九店、洋食・中華一七店、和食・酒房一四店）であった。他に、ミニショップ・銘店街七二店があった。

なんばＣＩＴＹのコンセプトとして「大阪ミナミの復権」「二一世紀を指向するビジョンをもった街づくり」「郊外生活の拠点となるコミュニティセンターとしての街づくり」「デベ

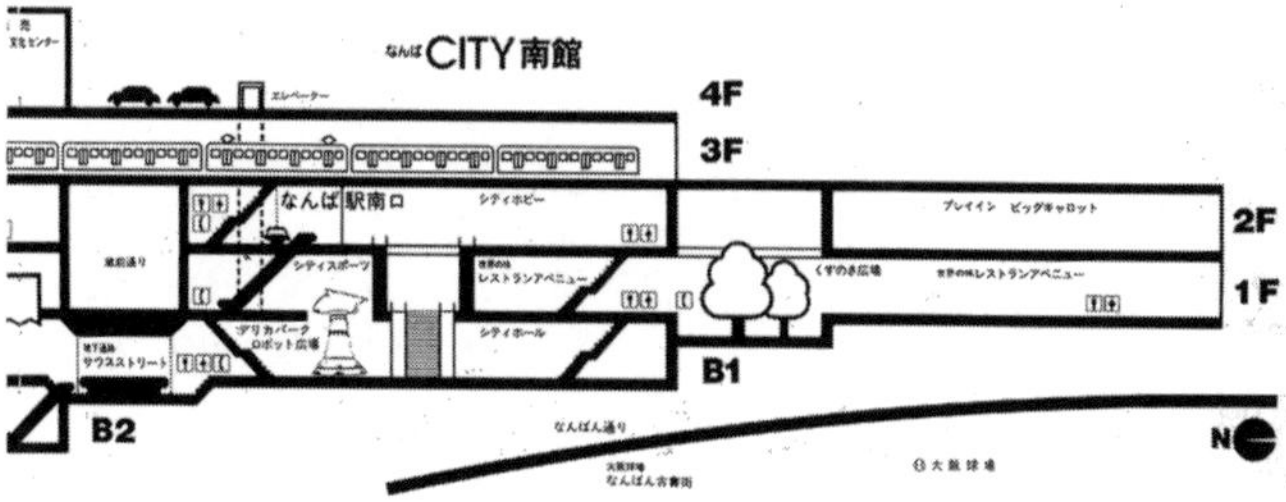

ロッパー主導型の街づくり」が掲げられた。シンボルとして図2―3の通り、本館地下一階の「ロケット」および地下二階の「水のピラミッド」が設置された。

ミナミはキタにくらべて、文化情報面で量的・質的に不足しているとされ[35]、なんばCITYでは店舗導入において、大型書店、ホビーゾーンを設置し、隣接する大阪球場内に「なんば古書街」を開いた。さらに、南館地下一階では数々の文化催事を開き、本館東側の七階建てビルに「読売なんばCITY文化センター」を開設した。他に南隣の高架下にニューヤング向けの「なんばピア」（一九八二年）を開業した。

特に本格的なショッピングセンターとしては、初めて全テナントに端末機を設置し、全館オンラインによる売上集中管理システムを導入した。そこから集まるデータをもとに、賃料（テナント料）計算、客数、客単価坪効率などを割り出し営業活動に活用した。

図 2-3　なんば CITY の図面

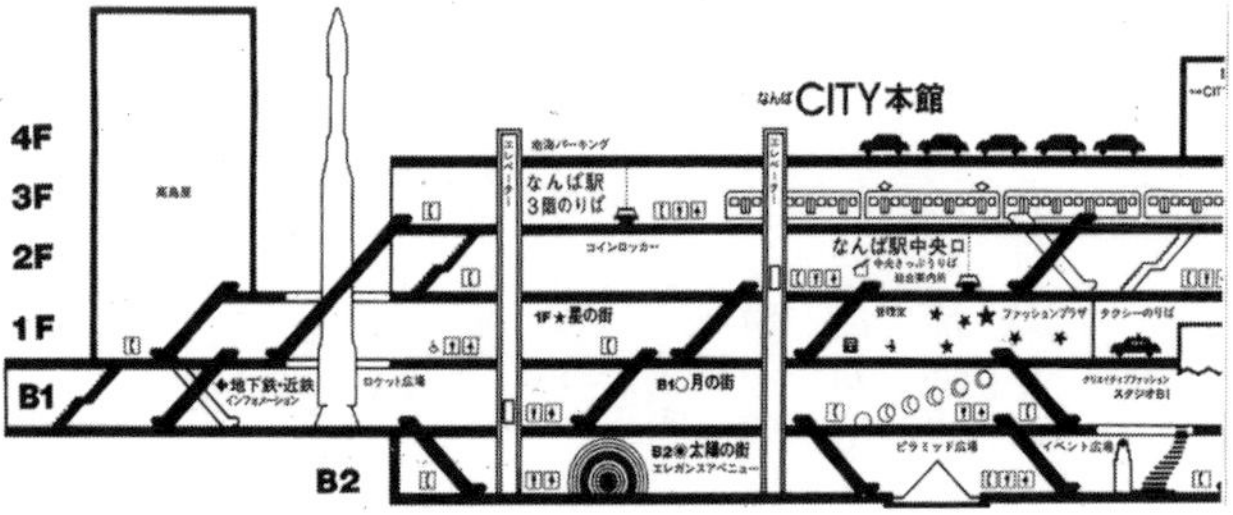

出所：同前、617 頁。

テナントの毎日の売上高がオンラインで記録され、売上高に応じて賃料（平均七〜八％）が決定された（歩合制）。歩合制にすることで、テナントの景気の良し悪しが南海の経営に響く形となり「大家とテナントの一体性が高まる」と南海は考えた。[36]

一九八〇年三月の全館オープン時の最初の月間売上高は二八億一、六〇〇万円で、予想を一三・六％も上回り、南海は年間二七〇—三〇〇億円を目標にしていた。これは南海の前年鉄道運賃収入三六〇億円に迫る金額であり[37]、南海の流通事業にかける意気込みがうかがえる。

第二にショップ南海の展開である。ショップ南海はいわゆるコンビニ型店舗であり、沿線の駅周辺社有地の有効活用を目的に開設された。「主婦層を対象に①スケールメリットを生かしたチェーン展開、②駅前立地の利便性、③地域に密着したコンビニエンス拠点を基本コンセプト」とした。一九七四年一〇月北野田店を第一号として多店舗展開を進め、一九八四年三月には三〇ヶ所、二六八店舗を数え、売上高（年間）一〇八億円に達した。[38] 業種は、レストラン、ファーストフード、喫茶などの飲食店、ベーカリー、和洋菓子、薬品、化粧品、フラワーショップなど多岐にわたっている。

店舗は金剛八店、泉大津二五店、三国ヶ丘一一店、泉佐野六店、忠岡九店、尾崎三店、浅香山三店、住吉鳥居前二店、住ノ江二七店、初芝一〇店、萩原天神二店、羽倉崎九店、河内長野一〇店、紀ノ川三店、あびこ三店、泉佐野一店、金剛八店（南海商事へ一括貸店）、住吉三三店、さやま六店、三日市二店、北助松二店、沢ノ町六店、貝塚一店、浜寺二店、堺東（駅部分）一六店、北野田（駅部分）四店、河内長野（駅部分）五店、狭山ニュータウン一二店、羽衣一六店、粉浜一三店である。[39]

第三にスポーツ事業の展開である。八〇年代以降の消費の成熟化に合わせて健康・文化の各種サービス需要に対応するため、一九八二年一二月スポーツ事業部を新設した。

ところで南海の流通事業は成功していたのだろうか。社長の川勝は（民営化前の）国鉄総裁高木文雄との対談で次のように述べている。[40]

高木「関連事業については、どのようにお考えですか。」

川勝「率直に申し上げて決してよくありません。ほとんどが零細企業で、旅館とかタクシー、そういった仕事が多いですからね。本業の経営を、補完するような関連事業は少ないですね。」

高木「南海電鉄の場合、デパートは・・・。」

川勝「全然ありません。大阪のターミナルで、建物を高島屋に貸しているだけです。」

高木「建物は、南海電鉄のものですか。それとも、別の会社ですか。」

川勝「いや南海電鉄です。こんどそこの新駅を改造したとき、なんばシティというのをつくりました。約一万坪のショッピング・ゾーンですがね。これでもってやっと流通部門に進出をしたわけなんです。」

（中略）

高木「・・デパートをターミナルのところにつくったり、あるいは不動産事業で住宅開発をやったり、そういうことによって、お客をふやして、そうして鉄道に乗ってもらってというメリットはどうですか。」

川勝「それはいくらかはありますけれども、これはやっぱり乗客と結びつくということは早急にはちょっと無理ですね。」

川勝の兼業に関する言葉は歯切れが悪く、鉄道の乗客を早急に増やす効果は表れていないようである。こうしてみると、戦後南海は流通事業に参入するも営業ノウハウがないため、西武に頼り、百貨店事業については高島屋が入居しているので手をつけずにきたことがわかる。阪急のように自社で「素人経営」[41]を進めることもなかったようである。

一九七〇年万博以降キタの開発が進み、「阪急村と呼ばれる複合商業ビル、大規模地下街が建設され、ミナミとの差を縮めていたが、大丸梅田店の入居するアクティ大阪の開業が決め手」となり、一九八五年の府下小売業売上高はキタ（北区）がミナミ（南区）を抜いて一位となった。[42]かつてのミナミは、同じ盛り場のキタと比べて「どう贔屓目に見ても貫禄が違う」と言われた

図 2-4　大阪・難波の再開発地区

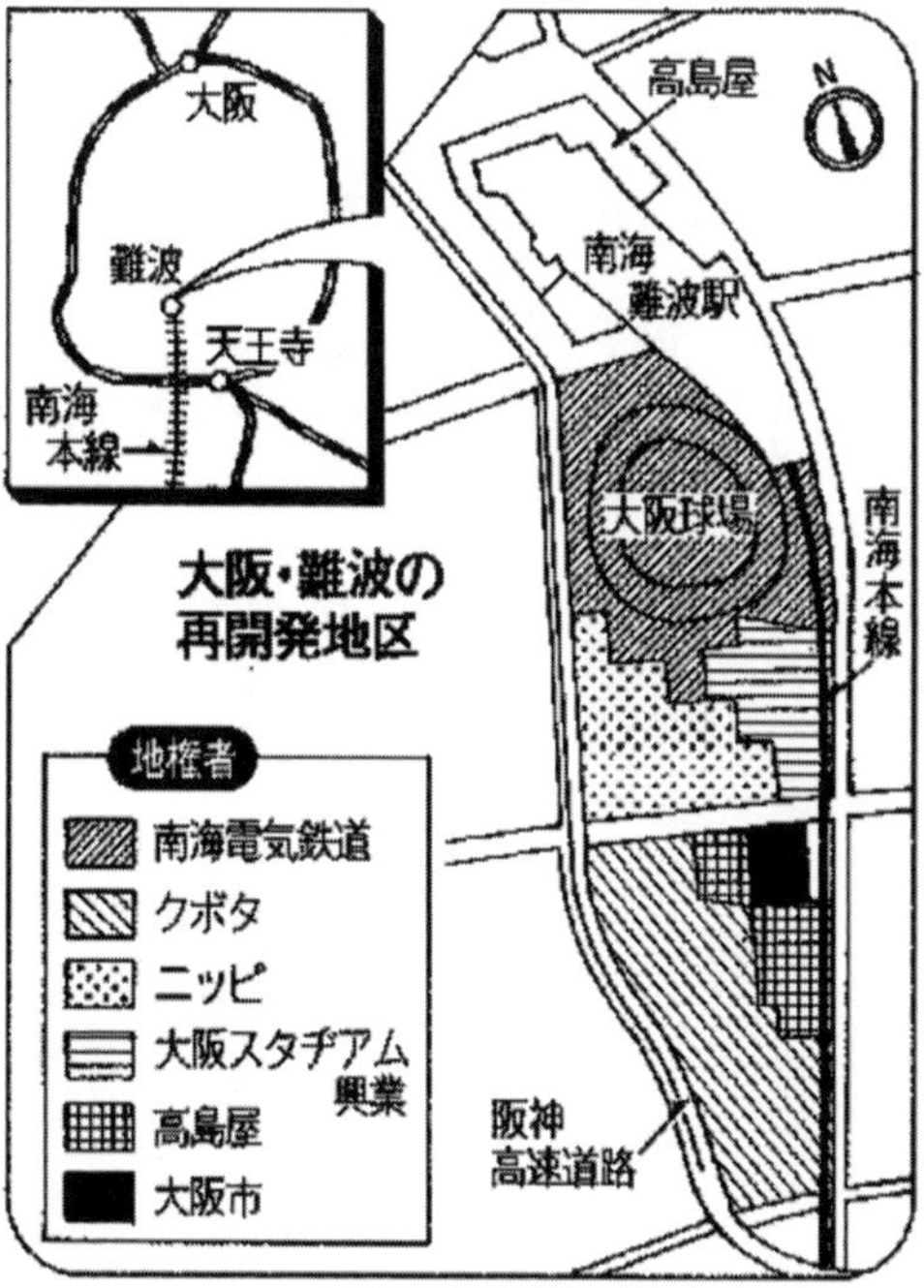

出所：「南海めぐり流通３社綱引き」『日経流通新聞』1992年6月2日付、第6面。

ものだが、[43] 商業ベースの数字ではこの時が一つの分岐点となった。

二〇〇〇年以降は図2―4の大阪球場の跡地をなんばパークス（専門店モール）として開業する（二〇〇三年一部開業、二〇〇七年四月全館開業）が、これも高島屋の関連会社を通じて開発が進められた。[44] 南海の「自前事業」ではなかった。

近年、インバウンド（LCC）の影響で関西国際空港から多くの海外旅行客が大阪に訪れており、南海電鉄の空港線の乗降客が増加している。二〇一一年同社空港線の年間輸送人員は七二四万三千人（一日当り約一九八四四人）で、これが二〇一七年には一五一五万三千人（一日当り約四一五一五人）と約二倍に増加している。また、営業収益（営業利益）を見ると、二〇一一年は一、八一八億六千九百万円（一八二億九千四百万円）で、二〇一七年には二、二七八億七千四百万円（三三九億七千百万円）と約一・二五倍（一・八五倍）に増えている（営業利益は過去最高額）。[45]

ただし、なんばパークスとなんばCITYの売上高を見ると、二〇一一年の両施設の売上高合計は五四六億七、五〇〇万円から、二〇一七年には五九六億円と一・〇九倍で微増である。本業の輸送事業ほどインバウンド効果は出ていない。[46]

むすびにかえて

これまで大阪に「南海百貨店」がない理由を歴史的に見てきた。戦前の高島屋が南海ビルに入居したいきさつから始まって、南海の沿線が阪急とは違っており、通勤・通学の利用、産業的利用が多く南海は本業の輸送事業で十分利益を得てきたために百貨店事業の直営には至らなかったことを明らかにした。

戦後はなんばＣＩＴＹなど流通事業に進出するも、むしろデベロッパーとして貸しビル等の事業に重点があったようで、流通事業については当初なんばＣＩＴＹなど西武と提携して開発したが、本業の旅客輸送と相乗効果が思うほど上がっていないことなどを見てきた。

ところで、そもそも「南海百貨店という会社は存在したのかどうか」気になったので法務局で調べてみた。すると、一九三〇（昭和五）年に商号登記があり、現在も生きていることがわかった[47]（会社法人等番号一二〇〇―〇四―〇一二一三五）。

一商号　　　　南海百貨店

一営業ノ種類　呉服、太物、洋服、家具、食料品、電気器具、文房具、化粧品、

貴金属、装飾品、玩具、其他一般雑貨
一営業所　大阪市南区心斎橋壱丁目壱番地
一商業使用者ノ氏名、住所
大阪市西区新町通参丁目参拾壱番地
田中新蔵
登記ノ年月日及ヒ登記官印　右昭和五年四月拾壱日登記　印

これは一体どういうことであろうか。「営業ノ種類　呉服、太物、洋服、家具、食料品、電気器具、文房具、化粧品、貴金属、装飾品、玩具、其他一般雑貨」から見てこれは明らかに百貨店である。「氏名、住所」から何か出てこないかと調べてみると、（明治期大阪財界の有力者の一人）田中市兵衛、その孫の田中「市蔵」はヒットしたが[48]「新蔵」は出てこなかった。南海百貨店の商号使用者の手がかりをつかむことはできなかった。[49]

ちなみに、登記簿記載の営業場所（心斎橋壱丁目壱番地）は、現在ユニクロとH＆Mのある一角の一つ北側（長堀交差点南）で、キュープラザ心斎橋（旧ソニープラザ）の東側で（住宅地図では）心斎橋クラシックのある場所であった。[50]

結局のところ、昭和初期の南海難波ビル建設前に「南海百貨店」の商号は登記されていたが、「大規模小売店としての実態はなかった」ということになろうか。

（追記）

『南海商事のあゆみ』（同社、一九八八年）によると、南海電鉄の駅売店、食堂、喫茶店は、一九〇六（明治三九）年十二月同社が難波—和歌山間の急行列車の一等室に喫茶室を直営したことに端を発するという。これは当時の私鉄の旅客サービスとしては先進的な事例として有名である。

さらに、大正期に職員の相互扶助を目的に共済会が設置されその資金の原資を得るため、一九三〇（昭和五）年十二月、南海難波駅構内にて新聞夕刊の販売が開始された。売上高は翌年七〜十二月の半年で七、四〇〇円、仕入代金四、四〇〇円、売子手当一、六〇〇円を差し引いても一、四〇〇円の利益があり、それは共済会の会費二、三〇〇円の約六割に相当する。また、一九三八年ごろの売店は、難波駅六店（女子・計十五名）、ホーム呼び売り（女子四名）、夕刊立ち売り（男子四名、女子一〇名）、岸和田駅（女子・計六名）、和歌山市駅（女子・計六名）、汐見橋駅（女子三名）、住吉東駅（同）、恵美須街駅（同）にあり、ほかに海水浴シーズンに浜寺公園駅（臨時）にも開店した（同書）。

本文では、南海電鉄の流通事業は戦後本格化すると述べたが、すでに戦前からこうした売店事業が行われてきたことについては（全体の収入に占める割合が量的に少ないので）触れていない。こうした戦前の動きと戦後の質的なつながりについては今後の課題としたい。

注

1　谷内正往『戦前大阪の鉄道とデパート』（東方出版、二〇一四年）、同『戦前大阪の鉄道駅小売事業』（五絃舎、二〇一七年）。

2　ところで、ウィキペディアの「南海グループ」を検索すると、「南海百貨店」についての記述がある。大阪府高石市千代田と愛媛県新居浜市にそれぞれあったと記されているが南海電鉄と資本的関係はないという。そこで当時の新聞を確認してみると、戦後大阪府高石市にあった「南海デパート（コラム2参照）」は名称こそ「デパート」＝百貨店ではあるが、南海とは無関係の寄合スーパーであった（『大阪日日新聞』一九六七年六月一五日付、ほか大手紙）。また愛媛県の場合もスーパーであり、百貨店ではなかった（『日本経済新聞（四国版）』一九八七年一月七日付、第一二面）。戦後大阪の南から和歌山にかけて「南海」を名乗る企業が多くあった。

3　この節、前掲『戦前大阪の鉄道駅小売事業』序章による。

4　この節とくにことわりのない限り、前掲『戦前大阪の鉄道とデパート』三〇一―三〇五頁による。

5　一九二四年一一月に大阪市が難波―梅田間4kmの御堂筋を43mの幅員で拡張する計画を発表し、一九二六年一〇月から工事を始めた。（高島屋150年史編纂委員会編『高島屋150年史』同社、一九八二年、一〇五頁）。そのため、なんらかの進展をはからねばならぬの議はすでに首脳部の間に持ち上がっており、適切な候補地を物色中の折柄でもあった（高島屋一三五年史編集委員会編『高島屋一三五年史』同社、一九六八年、二四頁）。

6　同前、二三―二四頁。

7　同前、二四頁。当時、社長の慎重論の中心は高島屋の「百貨店化への危惧」にあった。すなわち、「呉服物だけで世界を相手にできんことはない」「だれでもどこでもやれるようなものを方々から集めて来て百貨店たらいう権威のない商売はやりたくない」というのである（藤岡里圭『百貨店の生成過程』有斐閣、二〇〇六年、五一―五三頁）。

8　実はこの交渉は「すでに同業店（三越）が調印寸前にあり、これを崩すのは容易ではなく、当時日銀総裁であった井上準之助の出馬を請うての南海鉄道社長渡辺千代三郎との接触」があったという（株式会社高島屋ＣＳＲ推進室　一八〇年史編纂室編『おかげにて一八〇』同社、二〇一三年、二〇頁）。ほかに江木翼（鉄道大臣）、平賀義美（工学博士）も側面から積極的な援護射撃を施したという（和田進『百貨店ものがたり（第1集パイオニア篇）』洋品界、一九七七年、一一七頁）。

ところで、南海ビル建設の情報を最初に「キャッチしたのは三越の大阪支店長だといわれている。しかし、南海鉄道の示した家賃はべらぼうに高かった。三越は検討を重ねた。その間に、高島屋があっさり賃貸契約を結んでしまったというのである。この話には後日談がある。難波に店を借りた高島屋はねばりにねばって、とうとう高い家賃をまけさせてしまったというのである（有馬万喜子「飯田六家と高島屋の150年」『中央公論（経営問題）』第一九巻第四号、秋季号、一九八〇年八月、三一二頁）。

9　前掲『高島屋150年史』一〇七頁。

10　同前、一一一頁。同店は、一九三五年火災にあい、翌年鉄筋三階建、約九〇〇坪へと再建築される。

11　一九二九年八月梅田進出をねらい高島屋が阪神に申し入れし、翌年八月阪神と覚書をかわした。内容は、一〇年契約で延一三〇〇〇坪を坪七円五〇銭で賃貸するものだった。しかし、一九三七年八月に百貨店法が制定され、一九三八年九月資材統制強化が起こり、同年一〇月阪神との覚書は白紙還元となった（『阪神電鉄百年史』）。

12　宇田正・武知京三「南海鉄道の発達と沿線社会の変貌」南海道総合研究所編『南海沿線百年誌』南海電気鉄道

株式会社、一九八五年、七三頁。原資料は、北尾鐐之助『近代大阪』創元社、一九三二年、二五二―二五三頁、（復刻版）同社、一九八九年。

13　当時の高島屋南海店と阪急百貨店の違いが一体どの辺りにあるのか、例えば、日高日出男「南海高島屋と阪急百貨店」（『実業之大阪』第一二巻第六号、一九三六年六月）は阪急に比べて高島屋の仕入れのうまさを指摘している。

14　前掲『百貨店の生成過程』九一頁。

15　森岡充三「地下鉄と高島屋」『実業之大阪』第一一巻第一二号、一九三五年一二月、五四―五五頁。ほかに、谷信二「地下鉄と百貨店」（『実業之大阪』第一一巻第一〇号、一九三五年一〇月）もある。

16　前掲「地下鉄から見た・デパート戦線の新展開」六九頁。「しかも、（略）もう一つドエライのがある。それは、昭和十二年度に南海難波高架が竣工した暁にはそのスラブ式防音装置の高架下をも売場に拡張し、こゝに百貨店事務所を移す一方、地下大食堂、七階サロンなどを高架下に集中させ二千坪に餘る大阪随一の大食堂を出現させるといふのだ。経営の第一線に立つて大車輪に活躍を続けてゐる飯田専務や川勝総支配人は『二十萬人を超へやうといふ毎日のお客さんに必づ何か買つて貰はずにはおかないといふ意気込みで研究してゐる』と言ふ元気さである。」（同前）

17　地下鉄開通前に高島屋は次の通り全店内の配置変更をしている。「大阪梅田、難波間を貫通する地下鉄竣工を控えて、南海高島屋では既報の如く地階及び二階までの模様替へを行ふ事になつたが、更にこれを機として全店に売場配置の変更を決行する事になつた、斯く大々的に模様替へを行ふのは勿論開店以来のことであり……先づ地下室及び一階、二階は主として大階段の利用開始に伴ふものであるが、三階以上はも一つ別の動機が働いてゐる、即ち毎日顧客に密接な関係を持たねばならぬ営業部が従来は場所の関係から二階又は七階の事務所に混入してゐたのであるが」「四階に営業本部を設け尚各階に事務所を設置してサービスの統制図る」という（「地下鉄来る！南海高島屋は全店内を大変更」『百貨店新聞』第二六八号、一九三五年九月二日付、第四面）。

18　南海については同社社史のほか、武知京三氏の詳細な研究がある。最近では「新生『南海電気鉄道』の諸動向」（『大阪商業大学商業史博物館紀要』第一七号、二〇一六年一〇月）、「社内誌にみる南海電鉄史の一断面」（同、第一八号、二〇一七年）、「南海電気鉄道創設の『南海高等学校』（定時制）ノート」（同、第一九号・本号、二〇一八年一〇月予定）がある。さしあたり、武知京三『都市近郊鉄道の史的展開』（日本経済評論社、一九八六年）、同「南海電気鉄道—戦前期における事業展開とその特質—」（宇田正・浅香勝輔・武知京三編著『民鉄経営の歴史と文化〈西日本編〉』古今書院、一九九一年）を参照のこと。

19　同前、一〇五—一〇六、一一〇頁。

20　いったんは南海と合併する（一九四〇年一二月）も戦時中ということもあり国有化（一九四四年五月）される。戦後は南海に戻らなかった。詳しくは武知京三『日本の地方鉄道網形成史』柏書房、一九九〇年、第七章参照。

21　「南海鉄道会社の今期と前途」『株主協会時報』第七巻第三号、一九二九年三月二〇日。社史によると、まず一九二二年大阪高野鉄道と高野大師鉄道の合併により高野線が生まれ、一九二五年三月には岸の里駅で南海本線と高野線の連絡工事が竣工し、難波駅まで直通することになった。本線では、一九二六年一二月に天下茶屋—粉浜間を複々線とし、これにともなって特急列車を新設し、従来の難波—和歌山市間一時間三〇分運転を一時間一五分にスピードアップした。つまり、こうした輸送力の増強により難波駅が手狭になってきたことが南海ビル建設の理由であるが、一方で、大阪市の御堂筋計画や在阪他社のターミナルビル建設に触発された面もあるという（『南海電気鉄道百年史』同社、一九八五年、二二六頁）。

22　例えば、高野線の複線化（堺東—西村駅間、一九二八年五月完成、西村—北野田間建設中）、高野線汐見橋駅、阪堺線恵比須町駅の拡張、上町線の阿部野駅（天王寺駅）より平野線行電車の増発工事、本線の特急電車のため（省線と同じタイプの）大型電車および付随車二〇両の新造などである（同前）。

23　岡田意一は栃木県出身で一九〇七年東京帝大（独逸法学科）を卒業し、大蔵省から鉄道省院（後、鉄道省）へ移り以後昇進を重ね鉄道管理局長として一二地方に出仕し、最終は本省の監督局長となった（川畑伊太郎『昭和新體人物評傳』新人物評論社、一九二八年、一三一―一三二頁）。また、当時の経営陣については「電鉄界の老大国・南海鉄道会社（『株主協会時報』第六巻第四号、一九二八年二月二〇日）、を参照。

24　「名士座談　南海専務岡田意一氏を訪ふ」『株主協会時報』第七巻第二号、一九二九年一二月二〇日、三四頁。

25　同じことは阪神電鉄にもあって、阪神の社史には当時高島屋入居の覚書が紹介されている(注11参照)。しかし、一九三八年具体的に阪神ビルが設立される頃、阪神直営の株式会社「阪神百貨店」を設立している（ただし戦時統制で建物は二階までしか出来ず結局未設で終わったが）。

26　「南海と阪急の比較検討」（『実業之大阪』第八巻第八号、一九三二年八月）。

27　前掲「南海電気鉄道―戦前期における事業展開とその特質―」一一四―一一六頁。

28　以下の記述はことわりのない限り、前掲『南海電気鉄道百年史』四三一―四五〇頁による。

29　事業としてはビル経営、土地の賃貸、高架下や駅周辺用地の有効利用に分けられる（同前、四四一―四五〇頁）。

30　多くは大家として家賃収入を得るものであるが、中には「無印良品ショップ」や居酒屋、中華レストランの直営化の試みもあった（同前、四四〇頁）。

31　屋上＝駐車場、三階＝駅施設（プラットホーム、コンコースなど）、二階＝駅施設、準駅施設、店舗（なんばCITY）、一階〜地下二階＝店舗（なんばCITY）、地下三階＝納品・荷捌場、倉庫などの後方施設（なんばCITY）（同前、四三三頁）。

32　「南海めぐり流通3社綱引き」『日経流通新聞』一九九二年六月二日付、第六面。南海のテナント選びからCITYの経営、管理、宣伝活動まで、すべて西武の指導、助言があり、見返りに南海は西武へコンサルタント料を払う。また、南海は一九七四年五月西友ストアーと共同出資で南海道流通会社をつくり、沿線に「南海西友ストア」を二店開いた（朝日新聞大阪本社社会部『関西の私鉄』清文堂出版、一九八一年、一五一頁）。

33　同前、一五〇頁。
34　同前、一四八―一四九頁。
35　一九七五年一一月頃、昼間のミナミはキタに比べて人通りが少なかった。例えば、昼間（九―一八時）の地下鉄乗降客数を見るとキタが約三六万人で、ミナミは約二四万人と三分の二程度であった。それはミナミが、キタほどオフィス街がなく、新聞社やテレビ局もない（情報文化の不足）、さらにホテルの収容人員もキタより少ないことが原因と見られていた（江本佳隆「なんばCITYを契機に飛躍のチャンスを迎えたミナミ（変貌する大阪キタとミナミ②）」『商業界』第三四巻第二号、一九八一年二月、一二二頁）。
36　前掲『関西の私鉄』一四〇―一四一頁。
37　同前、一四六頁。
38　一九九五年には三七施設、三三〇店に増加した（『南海二世紀に入って十年の歩み（創業一一〇周年記念）』南海電気鉄道株式会社、一九九五年、八二頁）。
39　ここに高石市がないのは、地元の反対運動があったためであろうか（『日経ビジネス』一九七八年六月五日号、一六三頁）。
40　交通協力会編『私鉄経営に学ぶ―高木国鉄総裁・私鉄トップにきく―』同会、一九八二年、一六八―一六九、一七一頁。
41　戦前阪急の百貨店事業については、前掲『戦前大阪の鉄道とデパート』第一―二章参照。
42　『日本経済新聞』一九八六年二月一三日付、第一三面。当時は「大型ビルを建てて商業集積を高めるキタと、土地を平面利用して小粒ながら個性を競うミナミ」と対比された（同前）。キタの地下街、阪急三番街については前掲『戦前大阪の鉄道駅小売事業』第六章参照。
43　石島邦夫（人事部）「梅田界隈」『阪急（社内誌）』第一〇号、一九五五年六月、二一頁。「『南』の土をつまんで嗅いでみると道楽の臭いがするが『北』の土はとかく事務臭い」（同前）。

44　前掲「南海めぐり流通3社綱引き」。なんばパークスは一九八四年関西国際空港が泉州沖に決まったことから、大阪球場を含む周辺地域を再開発しようという構想が生まれ、一九八八年地権者の高島屋、クボタ、ニッピ、大阪スタジアム興業とともに「難波地区開発協議会」を発足し、一二ｈａを超える難波地区の街づくりのあり方や進め方について種々協議を重ねて一九九五年大阪市難波土地区画整理組合の設立認可を得た。敷地面積三七一七九㎡、延面積二九七〇〇〇㎡で、一九九九年一一月に第一期工事（一四七〇〇〇㎡）に着手した（「難波再開発　なんばパークス誕生」『都市計画』二四五号、二〇〇三年一〇月）。ほかに口野繁「大阪の都市再生をめざして―『なんばパークス』の街づくり」（『新都市』第五七巻第五号、二〇〇三年）、「百貨店サバイバル第3回」『日経ビジネス』二〇〇七年五月二一日号）等を参照。

45　『南海電鉄ハンドブック2018』（同社、ＨＰ、http://www.nankai.co.jp/company/handbook.html、二〇一八年九月一五日アクセス）による。

46　同前および『同2012』。ところで、最近同社はなんばEKIKANとして、難波—今宮戎駅間の鉄道高架下の開発を進めている。この点については第三章参照。

47　平成三〇年二月一五日大阪法務局にて「閉鎖登記簿（写し）」を確認し、同北出張所にて「履歴事項全部証明書」も取得した。

48　「財界闇閥五十人」『実業之日本』第三一巻第一号、一九二八年一月、一〇八頁。同記事によると、「田中市蔵君　関西財界の新進として知られてゐる田中市蔵君の婦人しゅん子さんは、日銀副総裁土方久徴君の長女だ。田中君の祖父市兵衛さんは、大阪商船の社長をやり、大阪財界の名物男だつた。田中君は神戸高商の出身でまだ三十五歳の若ざかり、その名を為すのは、けだしこれからだ」とある。「市蔵」は京阪神の長者番付にも前頭として名前がある（「京阪神実業家所得税番附」『実業之日本』第三三巻第二一号、一九三〇年一一月、三二頁）。

49　当時の新聞によると、大阪市南区心斎橋詰に「南海マーケット」があったようで、その占有権をめぐって三年越しの係争があり、片方がそこに「カフェーサロン内閣」を設けようと準備したところ、もう片方が押しかけ乱闘沙汰が起こっている。その後和解し「カフェーサロン内閣」ができるという（「深夜の街頭でまた乱闘沙汰―南海マーケットをめぐる占有争ひから」『大阪朝日新聞』一九三一年七月二四日付、第九面、同三一日付、第九面）。「南海マーケット」と「南海百貨店」の関係も不明である。

50　『ゼンリン住宅地図　大阪市中央区』株式会社ゼンリン、二〇一七年四月、二五頁。

コラム【2】南海本線高石駅前の「南海デパート」（ゲタばき商店）

第2章で「南海百貨店」がないことをとり上げたが、一九六一年四月南海本線高石駅の駅前に三九店舗が入居する寄り合い形式の「南海デパート」が建設された（地図参照）。デパートの名称がついているものの、これは百貨店ではなく（八百屋、魚屋といった）業種店の集合であった。各店は階下を店舗に使い、二階に店員や家族を住まわせた。いわゆる「ゲタばき商店」である。当時衛星都市の人口増に合わせてスーパーや小売市場がどんどん増えた時期に登場した店舗形態である（『毎日新聞』一九六七年六月一四日付、大阪版、第一、七面）。

一九六七年六月一四日未明に南海デパートから火事が起こり、デパートはもとより付近のアパート、商店街、民家など延べ三五〇〇㎡を焼いた。焼死者五名、重体を含む重軽傷者四名を出し、四七軒の店舗とデパート一棟二五世帯、民家二戸（二戸空家）の一世帯、計二六世帯、六二名が搬出された。当時は空気が異常乾燥していたこともあり、火の回りが早かった。とはいえ、そもそも商店の防火設備が十分ではなかったことが被害を大きくした（同前）。

南海デパートで被災・焼失した店舗は次の通りであった（『朝日新聞』一九六七年六月一四日付、夕刊第一一面、□は判読できず）。

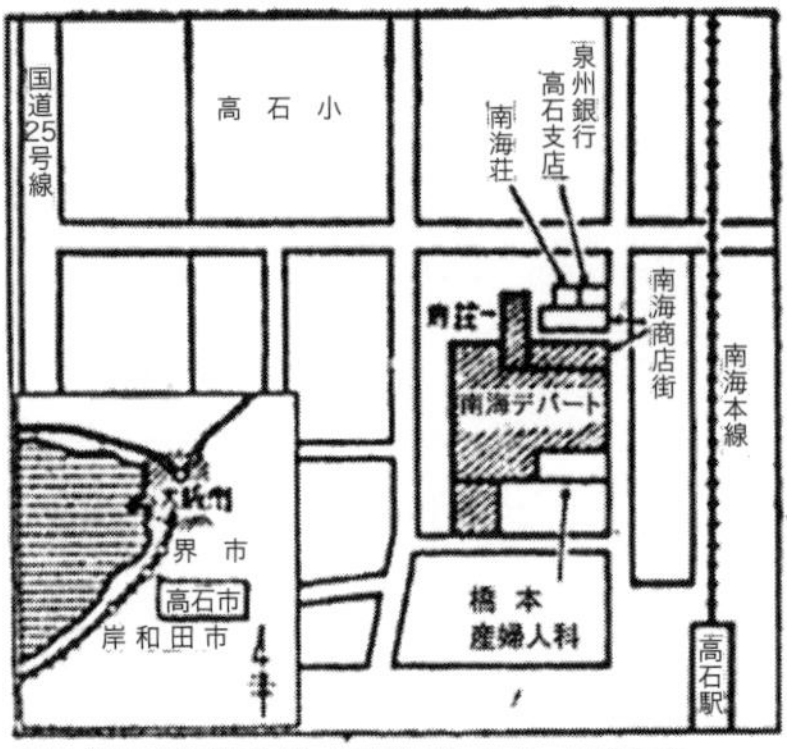

出所：『毎日新聞』大阪版、1967年6月14日付、夕刊第1面。

魚□、魚国、魚増、鳥辰、□□パン、八百□、とうふ屋なかむら、中野青果店、岸和田屋青果店、梅原塩干店、吉川塩干店、河野塩干店、藤原漬物店、記虎昆布店、川崎うどん店、森長□□店、山長かまぼこ店、福井てんぷら店、南海食品、のと屋食品、吉田玉子店、みつや洋品店、イスズ洋品店、水谷呉服店、きね屋糸店、ヒグチ薬局、利久はきもの店、斎藤文具店、赤井花店、菓子商朝日堂、堤化粧品店、茶商春香円、青果商□□、雑貨店ナカタ、たこ焼屋フタミ、青果商岸本。

合計三六店舗あるので、ほとんどが被災したと見られる。ヒグチ薬局などチェーン店を思わせるものもあるが、屋号から見て個人の業種店の集合であり、百貨店でないことは明らかである。やや時期は下るが一九七四年の住宅地図から南海デパートの業種を見てみると次の通りであった（『高石市精密住宅地図』吉田地図株式会社、一九七四年三月、屋号以外はイニシャル）。

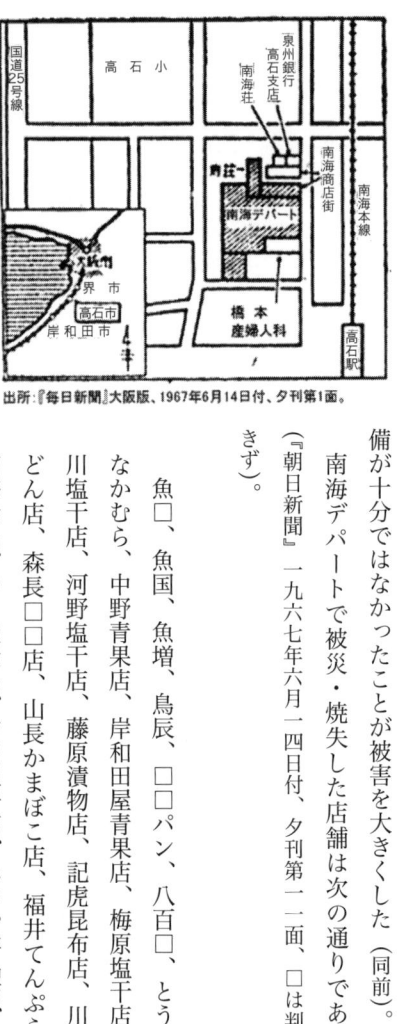

「高石南海デパート」（1階）食品・南海食品、塩干・吉川、寿屋本舗、豆腐・石川、蒲鉾・山辰、かしわ・鳥辰、クリーニング・I、菓子・ボストン、冷菓・マルニ、鮮魚・魚恒、文具・奥野、青物・□、糸釦・絹屋、果実・岸和田屋、茶・春香園、化粧品・三景、薬・ヒグチ、パン・城東パン、レコード・高□、なかむらや、高橋商店、洋品・みつや、生花・千代田、鮮魚・魚増、履物・むらぎ、うどん・川崎、漬物・前田、かつを昆布・よしだや、青物・坊農、雑穀・やまます、鮮魚・魚国、フルーツ・星川、日用品・暮らしの店ナカタ、（2階）千代田家具

1階は三四店舗で構成されており、店舗数からは大火災が起きた当時とそれほど変わっていない。屋号から被災した店舗が再建していることも一部推測できる。2階は（地図を確認すると）家具店になっており、創業時の「ゲタばき商店」ではなくなったのかもしれない。

そもそも「ゲタばき商店」は、戦後・中心商業地の店が「上に伸ばす以外に拡張の余地がなかった」時期に生まれたものだった（中沢孝夫『変わる商店街』岩波新書、二〇〇一年、五八頁）。

第3章　商業施設から見た鉄道高架下—南海電気鉄道を中心として

はじめに

近年、東京、大阪など大都市において鉄道高架下の商業施設利用が話題になっている。例えば、東京のＪＲ中央線阿佐ヶ谷—高円寺駅間（徒歩四分、長さ一四〇ｍ）のアニメストリートや小田急電鉄和泉多摩川駅から徒歩二分の高架下ボルタリング、大阪の難波—今宮戎駅間のなんばEKIKANプロジェクト（特色のある専門店の誘致）などである。[1]

以前から、高架下に保育所、植物工場、宿泊施設、フィットネスクラブなどを設置する試みはあったのだが、最近は鉄道の「駅と駅の間《あいだ》の高架下」として特に「駅カン」という用語が生まれている。[2]

なぜこうした高架下利用が話題になっているのだろうか。もともと高架下は「暗い」「汚い」「危ない（危険）」という三Kイメージがあった。しかし、都心の場合、人通りが多い商業地は家賃が高いが、高架下ならば割安な家賃で多くの集客が見込めるというメリットがある。さらに、そのことを通じてまちづくりの効果が期待できると鉄道事業者が考えたからだろう[3]。

本章では、鉄道高架下の事例として前章にひきつづいて南海電気鉄道をとりあげてみたい。同社は戦前本業の輸送事業（および電灯電力事業）の利益が大きかったために、流通事業への積極的参入を見送り、ターミナルの難波駅ビルには高島屋を入居させた。戦後になって流通事業に参入したものの、必ずしも本業を補完するほどの成果を上げられなかった。

以下では、同社が最近になって鉄道高架下に「なんばEKIKANプロジェクト」として店舗展開をするに至った理由を検討してみたい。その前提として、鉄道高架下の歴史的展開過程について一瞥し、その上で、最近の同社の高架下事業の意義について考えてみたいと思う。

一．戦後の鉄道高架下

一―一．高度経済成長期に急増した鉄道高架下[4]

戦後の急激なモータリゼーション（自動車の普及）により、電車線路と自動車道が平面交差

図 3-1　概念図

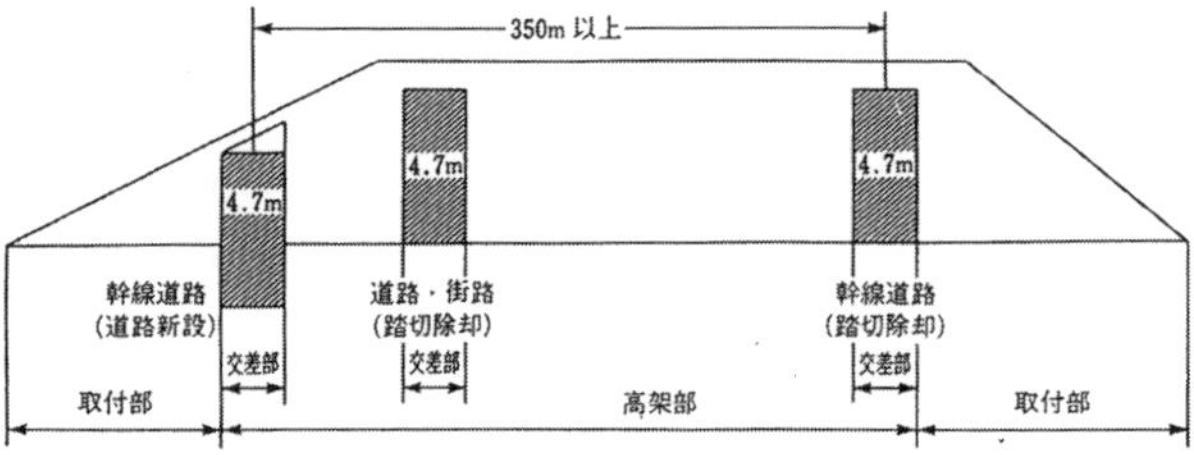

出所：伊藤忠明（1994)、71 頁。

することによる交通渋滞・交通事故が多発した[5]。

そこで、両者を立体交差させる必要性が出てきた。一九六九年に運輸省と建設省が「都市における道路と鉄道の連続立体交差化に関する協定（建運協定)」を結んだ[6]。その際、立体交差事業は都市計画事業であるという位置づけがなされ、鉄道側の費用負担が「鉄道の受益に応じた負担（国鉄一〇%、私鉄七%)」とされたことが功を奏して、立体交差事業が進んだ（元は「双方折半」だった)。

ここに、立体交差事業とは「鉄道と幹線道路とが二ヶ所以上において交差し、その交差する両端の幹線道路の中心距離が三五〇m以上ある鉄道区間について、鉄道と道路とを同時に三ヶ所以上立体交差し、二ヶ所以上の踏み切りを除去する」事業をいう[7]。

すなわち、図３―１のように三五〇m以上にわたって鉄道と道路が二ヵ所以上交差している場合は、鉄道を高架にしてその下に道路を通すものである。鉄道高架下はこの事業をもとに多数生まれることになり、二〇〇二年までに一〇九路線・区間で実施された[8]。

立体交差事業のメリットは、先に述べた交通渋滞・交通事故の解消だけではない。都市部では鉄道側に輸送力の増強工事ができる利点があった。また、都市計画の観点からは、従来平面鉄道により分断されていた市街地の一体化を図ることができ、鉄道用地の跡地を利用して駅前広場事業、市街地再開発事業、土地区画整理事業を実施することができた。結果として、都市の再生、活性化に寄与することになったのである。

立体交差事業の結果生まれた高架下空間については、周辺の土地利用計画に合わせて多目的(駐輪場、公園等)に利用することができた。一九六九年当時の(建運協定)では、その割合が高架下利用面積の一〇%程度であった(一九九二年四月一五%に改正)。

一―二. 鉄道高架下の事例

中村真之氏・村木美貴氏は、首都圏内に敷設され、東京を中心として神奈川・千葉・埼玉にまたがる路線沿線のうち、東京駅を中心とした半径三〇km以内の三六路線を対象に、その鉄道高架下空間の利用状況を調べた。この「路線の多くは高度経済成長期に建設された一九六〇年代後半~現在までに進められた新線や、在来線での立体交差事業、高架化事業、複々線事業、新駅の追加によるもの」であった。

表 3-1　鉄道高架下利用実態分類表

商業利用	複合	百貨店、スーパー等複合商業施設及びこれらに類するもの
	飲食	飲食店及びこれらに類するもの(飲食)
	理容	理髪店、美容院、公衆浴場及びこれらに類するもの
	事務	事務所、工場及びこれ等に類するもの
	企業	一般企業、関連企業及びこれ等に類するもの
	小売	小売業、及びこれ等に類するもの
	娯楽	娯楽施設及びこれらに類するもの
公共利用	公園	公園、広場及びこれらに類するもの
	体育	体育館、プール及びこれ等に類するもの
	集会	集会場、公会堂、ホール及びこれらに類するもの
	保育	保育園、老人介護施設及びこれ等に類するもの
	銀行	銀行、郵便局及びこれ等に類するもの
	病院	病院・診療所及びこれらに類するもの
	住宅	共同住宅、住宅及びこれ等に類するもの
低利用	駐車	駐車場及びこれ等に類するもの
	駐輪	駐輪場及びこれ等に類するもの
	資材	資材置き場及びこれ等に類するもの
	倉庫	倉庫及びこれ等に類するもの
未	未利	未利用地及びこれ等に類する空間

出所：中村真之・村木美貴（2006）、567 頁。

表３―１は高架下空間の利用実態分類表である。上から百貨店、スーパー、飲食店、理容、娯楽などの「商業利用」と、公園、体育館、集会場、保育園、銀行などの「公共利用」、そして駐車・駐輪、倉庫などの「低利用」、最後に「未利用」と区分している。

両氏が住宅地図を使って沿線の利用状況を調べた結果、鉄道高架下は「全体的には飲食・駐車・企業が多く見られる」。また「都心からの距離に着目すると五km圏内では飲食・企業・小売で七六％を占めていて、資材置き場などの低利用地はあまり見られない。しかし、一〇km圏を越える地域では低未利用地の割合が五〇％以上を占めており、二五〜三〇km圏内では六四%に達している」という。

さらに、鉄道会社（私鉄四社とJR東日本）へのアンケートを分析し、「乗降客の多い駅では、収益性の高い事業を高架下空間でも積極的に導入する方針である」と評価している。

ここから、鉄道高架下の利用種類が明らかにされ、都心からの距離が五km圏内に「商業利用」が多く、一〇km圏内を越えると低未利用が半分以上を占めることがわかる。要は、乗降客の多い駅を中心に鉄道高架下が活用されているというのである。

二．南海電気鉄道の高架下事業

二―一．戦前の鉄道高架下利用

戦前関西私鉄の高架下利用の状況をあげておこう。まず一九三四年阪神急行電鉄（現、阪急）は梅田駅高架下を利用して工場や事務所を置いた。次に、一九三六年阪急三宮駅に高架乗り入れし、隣接する国鉄高架下を借り受け、映画館を建設したり、有名料理店を誘致したりして、現在の三宮繁栄の基礎をつくった。[9] 阪急は当初より高架下の利用が多かった。

一方、大阪難波駅（ミナミ）にターミナルビルを建設した南海電鉄は、一九三八年難波―天下茶屋間（図3―3）を高架複々線化した時の高架下（現、なんばEKIKAN）に倉庫、鉄工所を置いたが、一部店舗、事務所も混在させていた[10]。南海の場合は、阪急のように映画館や飲食店を入れて「盛り場」とする意図はなかった。なぜなら、難波駅から北へ向かって昔から繁華街が広がっていたからである。

二─二．戦後の南海電気鉄道高架下

戦後一九七〇年になると同社の高師浜支線（図３─３）の高架下が完成し、駐車場として二三区画を使い、伽羅橋付近の約四〇〇㎡は食料品、衣料品、書籍、家具、敷物など一〇店舗に賃貸した。高架下は、柱が多く天井も低い。そのうえ騒音や雨漏りなど、制約や欠点が多いので、これをいかに克服し、ガード下のイメージを払しょくするかが問題となった。その意味において、高師浜支線の高架下は、以後の試金石になるものであった[11]。

一九六九年「建運協定」（前出、一─二）にもとづく高架化事業として南海本線の大阪市内、萩ノ茶屋─大和川北岸間五・七kmおよび堺市内大和川南岸─石津川北岸間五・四kmの工事が進められた。そして、一九八〇年六月に玉出─大和川間三・四kmが完成し、その高架下の一部は、スポーツ施設、商業施設、駐車場、倉庫のほか公共用として自転車置き場、自治会集会所などに利用された。例えば、一九八三年一〇月住ノ江駅付近高架下にオープンした「シティスポーツすみのえ」は、その後西日本最大規模の会員制スポーツ総合施設として約三〇〇〇名

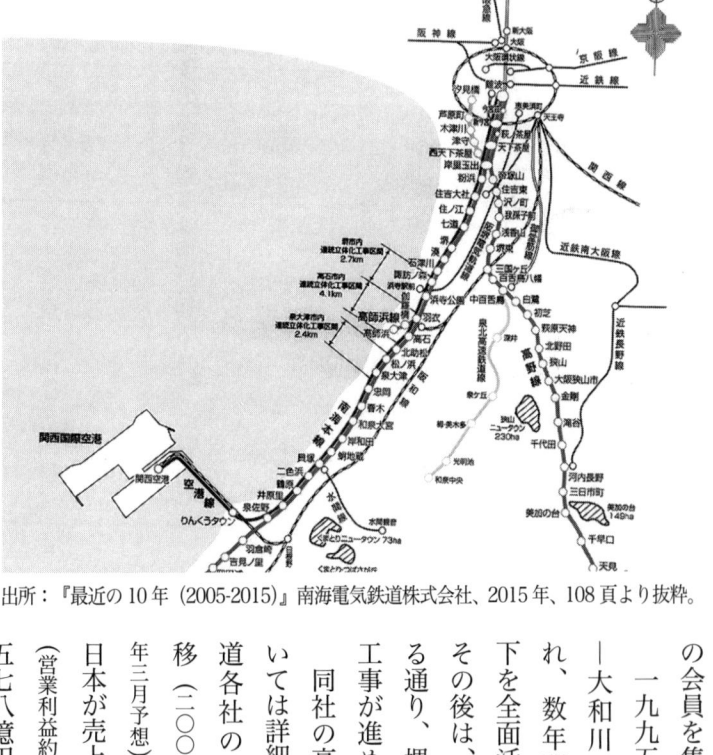

図 3-2　南海電鉄沿線（一部）

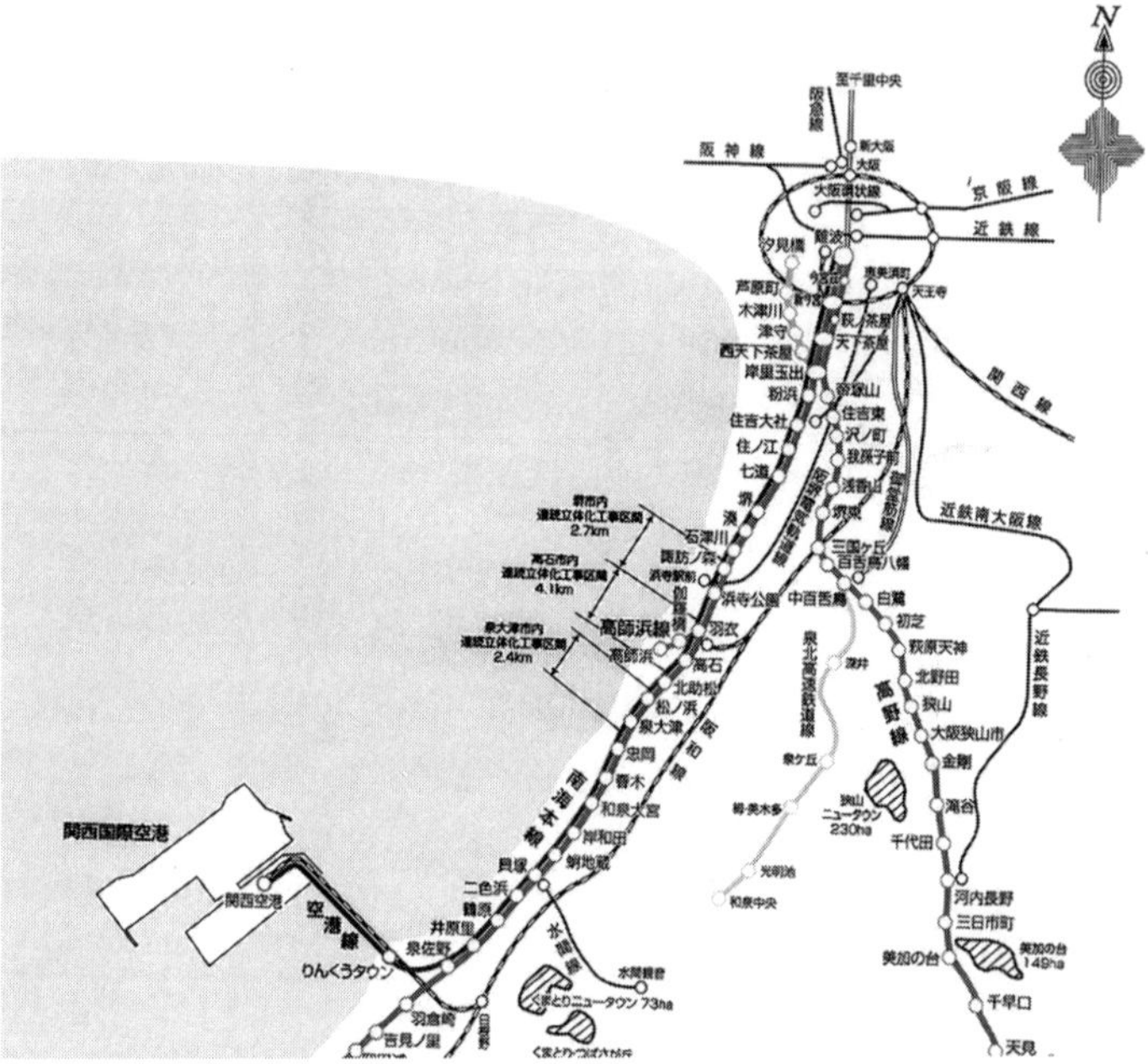

出所：『最近の 10 年（2005-2015）』南海電気鉄道株式会社、2015 年、108 頁より抜粋。

の会員を集めている。[12]

一九九五年一一月には難波―大和川間が全線高架化され、数年間で同区間の高架下を全面活用するに至った。[13]その後は、図３―２に見られる通り、堺以南の連続立体化工事が進められている。

同社の高架下利用収支については詳細不明であるが、[14]鉄道各社の流通事業の業績推移（二〇〇三年三月実績と二〇〇八年三月予想）を見ると、ＪＲ西日本が売上高約二、二七六億円（営業利益約四三億円）から約二、五七八億円（同約五三億円）、近

図 3-3　南海難波 - 今宮戎駅間の周辺

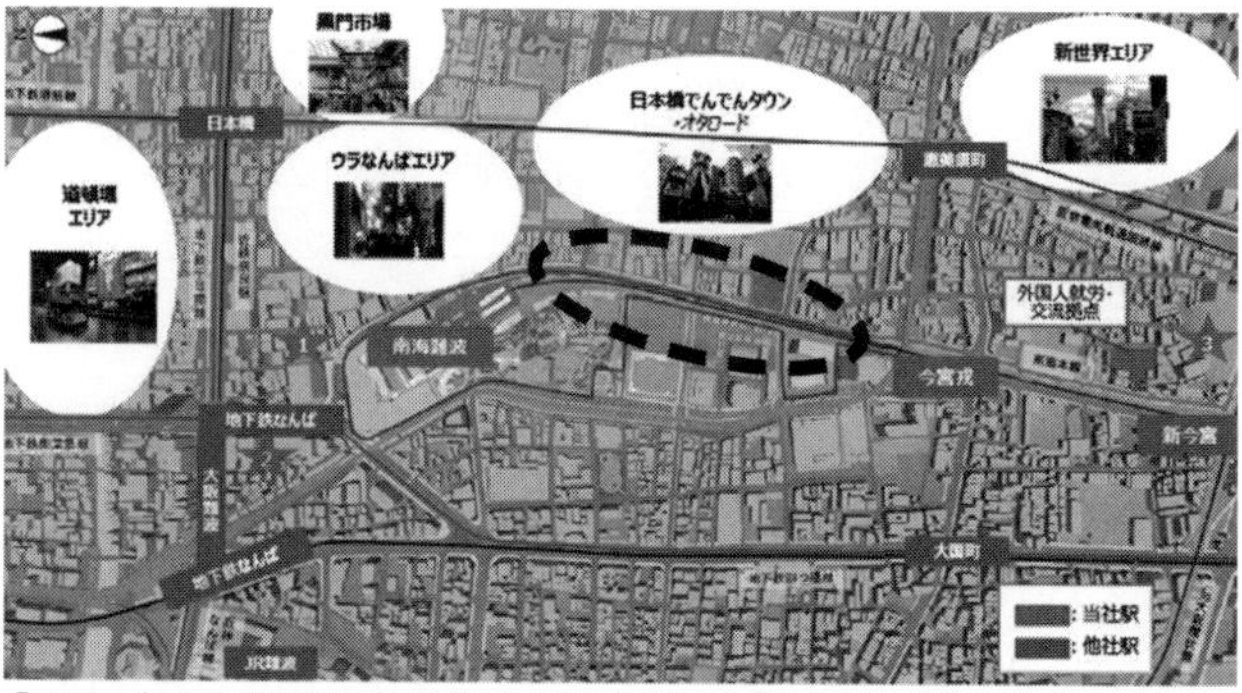

出所：「南海電鉄決算説明会資料 (2018 年 5 月 18 日)」60 頁より抜粋、加筆。
http://www.nankai.co.jp/library/ir/setsumei/pdf/setsumei_180518.pdf、
2018 年 11 月 16 日アクセス。

鉄が五、六二七億円（同約五八億円）から四、五二〇億円（同約五七億円）、阪急阪神ＨＤが一、七二七億円（同約四三億円）から一、二二〇億円（同約二八億円）、京阪電鉄が約八八三億円（同約▲五億円）から約一、一〇八億円（同約七億円）、南海電鉄が約三二四億円（同約一三億円）から二五七億円（同約二二億円）であった。つまり、近鉄、ＪＲ西日本、阪急阪神ＨＤ、京阪の順で売上高が大きく、南海の流通事業は一番低かった。ここから同社の戦後流通事業の立ち遅れは二〇〇〇年に入ってからも続いていたことがわかる。[15]

二─三．なんば EKIKAN

さて、二〇一四年から南海電鉄は難波駅から今宮戎駅に至る徒歩一〇分程度の高架下を「なんばEKIKAN」と名付け、第一～四期に分けて開発した[16]（図3─3の点線〇印部分）。高架下は、全長計約四〇〇メートルにわたり、スポーツ用品店化カフェなど一四店がオープンしたのである。[17]

社内誌『南海人』によると、「10人が1回来るよりも1人が10回来てくれるエリア」を目指し、「つながり」をキー・コンセプトにしたという。それは、都市再生事例を調査して、人が集まる場所として「カフェ」が有効に機能していることを発見したからである。[18]

各店舗の概要を見てみると、

（1）堂島グラッチェ（イタリアン）＝大阪・福島の行列の絶えない中華料理店「太陽軒」の姉妹店。本格シェフがつくるこだわり料理、

（2）ゴルフマップ（中古ゴルフ用品販売）＝店舗内工房にてクラブのチューンアップにも対応、

（3）BROOKLYN　COMPANY（カフェ・ピザ販売ほか）＝ニューヨーク初のコーヒーショップの日本旗艦店、

（4）CRASH　GATE（家具・雑貨販売）＝多種多様なジャンルを組み合わせて生まれるユーモアある空間を提案するインテリアショップ、

（5）HATAKEYAMA（スポーツ用品・革製品販売）＝プロ野球選手にも多数愛用されるキャッチャーミットを中心に、和牛の革にこだわったグラブが集結する国内唯一の直販店、

（6）cycle　HERO（自転車販売）＝メーカー直売という強みを生かし、自社の商品に加

えて国内外の有名ブランドも多数販売、

（7）DIY　FACTORY　OSAKA（ＤＩＹ用品販売ほか）＝体験型ＤＩＹショップ、ＤＩＹ作業の騒音や部屋の汚れを気にせず作業できるワークスペースを備える、

（8）CHARCOAL,GRILL,PAROR　Orqesta（炭火焼カフェレストラン）＝品質にこだわった肉の炭火料理を楽しめるカフェレストラン、

（9）TULLY'S　COFFEE（カフェ）＝世界各国から厳選したコーヒー豆のみを使った本格的なコーヒーを、一杯一杯手作りで提供、

（10）OCEAN　STAGE（ダイビング用品販売ほか）＝スキューバダイビングに関連するグッズ販売のほか、ライセンス取得コースやダイビングツアーを開催、

（11）LEAD　osaka（スノーボード用品ほか）＝一九七〇年創業の老舗ショップ、

（12）GRAVITY　RESEARCH（クライミングジムほか）＝関西最大級の約六八五㎡のクライミングジム、など比較的「とんがった」個性派店舗が入店している。

第一期の店舗を見てみると、八九五㎡の商業施設に自転車店（6）とＤＩＹ用具店（7）の二店がオープンした。ＤＩＹ店の目玉は店内で溶接作業などを体験できるワークショップである。（店舗の）真上は多い日で一一〇二本の列車が行き交う。電車が通過するたびに轟音が響くがワークショップ会場としては逆に都合がいい。これまで同店は都心部で物件を探

していたが、（溶接作業など）作業音に寛容な立地がなかなか見つからなかったという。[19]

南海電鉄は「駅間立地で大型商業施設と同じことをやっても勝ち目はない」と考え、「（駅から）数分歩いても繰り返し行きたくなる嗜好性の高いテナントを探した」。同社は、高架下の営業時間や休業日をテナントの自由に任せている。家賃は一等地の半額程度だとされる。[20]

実のところ、同社のねらいは南海の最大資産である繁華街・難波周辺の魅力を引き上げることにある。難波駅南側一帯は2 km圏内に二〇万人が住む優良商圏ながら、繁華街から外れ、人通りが少ない商いの空白地帯であった。[21]

一方で、同社の決算説明資料（二〇一八年五月一八日）によると、インバウンド需要が大きくなって、関西国際空港から南海線を通じて乗降客が伸びている。[22] さらに図3—3に見られる通り、なんば界隈が観光スポットになっている。[23] こう見ると、EKIKANプロジェクトは海外の観光客にもアピールする目的があったのではないかと思えてくる。

むすびにかえて

鉄道事業者にとって、立体交差事業によって生まれた鉄道高架下は本業の副産物であり、

図 3-4　なんば EKIKAN

出所：2018 年 8 月、筆者撮影。

これまで柱が多く、天井が低い、騒音や振動があり雨漏りがするなどマイナスイメージがつきまとうものだった。しかし、近年それが見直されており、あらたな商業施設としての可能性を探る動きが始まった。従来の高架下との違いは、第一にモノづくりをする零細・中小企業が多く入居しており、大手のチェーン店の入居が少ないことである。通常は失敗を恐れて、大手チェーンを入れるのだが、その「つまらない感じ」がない。第二に店舗を利用したワークショップ、イベントが開催されており、人が集まるようになっている点である。第三に駅と駅の間の（従来は人の行き来が少なかった）中間点（街のハブ）になることが意図されている点である[24]。

そこで、南海電気鉄道を事例に、同社の立体交差事業、鉄道高架下事業（なんば EKIKAN、図３―４

参照）について見てきた。難波駅から今宮戎駅にかけての高架下は、なんばＣＩＴＹやなんばパークスに隣接していながら、これまで工場や会社事務所、倉庫などに利用されるだけで、商業施設利用は少なかったが、ここに来て積極的な活用が始まってきた。それは、流通事業が弱かった南海電鉄の新たな試みであり、一方で難波駅界隈の「まちづくり」の一環であった。[25]

注

1 「駅カン高架下の効果」『日経ＭＪ』二〇一四年五月五日付、第一面。

2 「鉄道駅カン開発盛ん」『日経ＭＪ』二〇一八年四月三〇日付、第四面。

3 鉄道事業者は沿線イメージを重視しており、沿線人口増加を目指している（上村正美「阪急電鉄の都市交通事業とまちづくりについて」『KANSAI 空港レビュー』第三四八号、二〇〇七年一一月）。

4 この節、ことわりのない限り、伊藤忠明「連続立体交差事業の仕組みと実際」（山本雄二郎監修『鉄道高架とまちづくり（上）』地域科学研究会、一九九四年）による。なお、戦前の高架下事業は都心に限られていた。例えば神戸の場合市内乗り入れを目指していた阪神は地下で乗り入れ、阪急は神戸市議会ともめながらも省線（国鉄、後、ＪＲ西日本）と同じく高架で乗り入れることになった。つまり繁華な市街地の場合、鉄道乗り入れが交通混雑を招くために地下方式又は高架方式がとられたのである（谷内正往『戦前大阪の鉄道とデパート』東方出版、二〇一四年、四一五―四一八頁）。

5 一九九四年頃でも全国に約五万七〇〇〇ヵ所の踏切があり、そのうち立体交差化している箇所が約二万二五〇〇ヵ所で、まだ残り約三万四五〇〇ヵ所が平面交差のままであった（同前、六七頁）。

6　鉄道の立体化は、古くは一九三九年に神戸市街線（灘―鷹取間11・2 km）で行われた高架化をはじめとして、連続立体交差事業は「内鉄協定」（一九四〇年）、「建国協定」（一九五六年）の前史がある（浅野光行「鉄道立体化とまちづくり―都市地域の成熟時代における課題と展望」『都市計画』第五五巻第一号、二〇〇六年二月、六頁）。

7　前掲、伊藤忠明論文、七〇頁。費用負担は、鉄道側が全体の一五％程度、その他を国と自治体で負担した。

8　前掲、浅野光行論文、六頁。

9　戦後、一九五七年で全線高架下の経営面積約七万㎡、テナント数一〇〇〇戸以上となった。

10　一九七〇年完成の高師浜師線の高架下は駐車場一三区画とし、伽羅橋付近の約四〇〇㎡は食料品、衣料品、書籍、家具、敷物など一〇店舗に賃貸した（『南海電気鉄道百年史』同社、一九八五年、四四六頁）。

11　同前、四四六頁。

12　『南海二世紀に入って十年の歩み』南海電気鉄道株式会社、一九九五年、八三頁。

13　『最近の一〇年（一九九五‐二〇〇五）』南海電気鉄道株式会社、二〇〇五年、七一頁。

14　同社で一番大きな高架下事業はなんばＣＩＴＹだが、それについては谷内（二〇一八）を参照のこと。

15　「駅活用、流通事業を加速」『日本経済新聞』（地方経済面）二〇〇八年一月二六日付、第一〇面。

16　第一期が二〇一四年四月、第二期が二〇一五年三月、第三期が二〇一六年四月、第四期が二〇一七年一一月であった（「なんば EKIKAN プロジェクト（第四期）」南海電気鉄道株式会社、二〇一七年九月より）。

17　「鉄道駅カン開発盛ん」『日経ＭＪ』二〇一八年四月三〇日付、第四面。今後は新今宮駅近くの高架下も開発する予定。

18　『南海人』第六四〇号、二〇一八年七・八月号、南海電気鉄道株式会社、二〇一八年七月、七頁。

19　前掲「駅カン高架下の効果」。

20 同前。
21 同前。
22 http://www.nankai.co.jp/library/ir/setsumei/pdf/setsumei_一八〇五一八.pdf、二〇一八年一一月一六日アクセス。
23 梅咲恵司「大阪・ミナミが『アジア人』で大混雑する理由」東洋経済オンライン、二〇一七年一二月三一日、https://toyokeizai.net/articles/-/二〇二〇六、二〇一八年一一月一六日アクセス。
24 中川寛子「暗くて狭い『鉄道高架下』が人気化する必然　人と街をつなぐ『ハブ』が続々誕生」東洋経済オンライン、二〇一七年五月一四日、https://toyokeizai.net/articles/-/171431、二〇一八年八月一六日アクセス。
25 高架下に関する近年の歴史研究に、村上しほり「戦後神戸の都市環境形成に関する研究―JR元町―神戸駅間鉄道高架下における店舗形成と変容過程に着目して」(『神戸大学大学院人間発達環境学研究科紀要』第七巻第一号、二〇一三年九月)等がある。

コラム【3】平成時代の南海電気鉄道・年譜

南海電鉄の社内誌『南海人』(第六四四号、二〇一九年一月、六―八頁)が左記の通り、平成約三〇年間のあゆみを掲載している(★印・太字は引用者)。同社は九〇年代に入って新しい企業理念とシンボルを制定した。そして関西国際空港の開港に合わせて特急ラピートの営業運転を開始した。小売事業ではコンビニ事業のアンスリーを阪神、京阪と共同して出店している。二〇〇〇年に入るとなんばパークスを開業して、「紀伊山地の霊場と参詣道」が世界遺産に登録されたことから、南海高野線の運行にもひときわ力が入るようになった。

二〇〇八年の東証一部上場は、東京圏での認知度を高め、観光客の呼び込みを意図したものであった。そのために東京で事業展開している南海辰村建設や旅行、物流子会社などを活用し、関東では「東武鉄道といえば日光」といわれるように「南海といえば大阪・難波、関空、和歌山」を連想してもらえる存在になることを目指した。（『朝日新聞』二〇〇五年九月二七日付、朝刊2、経済一〇面）。

二〇一二年以降年間八三〇万人程度だった訪日外国人客数が急速に増加して二〇一七年には約二八〇〇万人と二〇〇〇万人も増加した。それに対応すべく、ホテル建設や「ＥＫＩＫＡＮ」プロジェクト、なんばスカイオ開業などが進められてきた。並行して、和歌山大学前駅新設、和歌山市活性化計画など沿線の持続的整備も行われている。

一九八九（平成元）年　「難波地区開発事業基本コンセプト」発表
一九九〇（〃　2）年　「南海サウスタワーホテル大阪」開業
一九九一（〃　3）年　大阪スタヂアム興業が南海不動産と合併
一九九二（〃　4）年　鉄道車両にニューカラーデザインを導入／「りんかん」運行開始
一九九三（〃　5）年　高野・橋本地区バス事業を南海りんかんバスに譲渡
★新しい企業理念とコーポレートシンボルを制定
天王寺支線（今池町～天王寺間）廃止
一九九四（〃　6）年　**★空港線開業／空港特急「ラピート」営業運転開始**

岸和田連続立体交差事業完成

一九九五（〃　７）年　**★創業１１０周年記念式典挙行**

５０００系「ラピート」がブルーリボン賞を受賞

一九九六（〃　８）年　小田原車庫完成

一九九七（〃　９）年「アンスリー」１号開店

一九九八（〃１０）年　浜寺公園駅舎と諏訪ノ森駅舎が登録有形文化財に

大阪スタヂアム興業と合併／大阪球場施設解体撤去工事開始

一九九九（〃１１）年「コンパスカード」発売開始

二〇〇〇（〃１２）年「南海くまとり・つばさが丘」街びらき／「さやま遊園」閉園

「プラットプラット」開業／フリーペーパー「ＮＡＴＴＳ」創刊

二〇〇一（〃１３）年　南海バス設立、直営バス事業を譲渡

南海・林間田園都市「彩の台」街びらき

二〇〇二（〃１４）年　和歌山港〜水軒間の鉄道事業を廃止

二〇〇三（〃１５）年「スイスホテル南海大阪」営業開始／**★「なんばパークス」第１期オープン**

二〇〇四（〃１６）年「紀伊山地の霊場と参詣道」が世界遺産に登録

二〇〇五（〃１７）年　創業１２０周年記念式典挙行／高野山駅舎が登録有形文化財に

和歌山港の久保町・築地橋・築港町を廃止

二〇〇六（〃18）年　南海グループカード「ｍｉｎａｐｉｔａ」発行
　　　　　　　　　　貴志川線の鉄道事業を和歌山電鉄に譲渡
二〇〇七（〃19）年　鉄道でICカードシステム「Ｐｉｔａｐａ」導入
　　　　　　　　　　「なんばパークス」全館グランドオープン
二〇〇八（〃20）年　「なんばこめじるし」開業
二〇〇九（〃21）年　**★東京証券取引所市場第一部上場**
　　　　　　　　　　こうや花鉄道「天空」運行開始
二〇一〇（〃22）年　千代田工場が「ＩＳＯ14001」の認証を取得（二〇一二年本社部門にも）／「フレイザーレジデンス南海大阪」開業
二〇一一（〃23）年　南海ビルが登録有形文化財に／台風12号の被害を受ける／阪堺電気軌道阪堺線開通100周年
二〇一二（〃24）年　**★和歌山大学駅前駅開業**
二〇一四（〃26）年　**★「なんばEKI-KANプロジェクト」第1期開業**／大阪府都市開発を子会社化、泉北高速鉄道に社名変更／みさき公園に「わくわく電車らんど」オープン
二〇一五（〃27）年　高野山開創1200年記念大法会特別輸送などを実施／創業130周年記念式典挙行／「泉北ライナー」運行開始

二〇一六（〃28）年　阪堺電気軌道上町線の住吉～住吉公園間を廃止／「泉ヶ丘ひろば専門店街」をリニューアルオープン／「めでたいでんしゃ」運行開始

二〇一七（〃29）年　**★和歌山市駅活性化計画（第1期）「南海和歌山市駅ビル」竣工**／「ｍｉｎａｐｉｔａ　ｐｏｉｎｔ」サービス開始／桃園メトロ、桃園国際空港、関空エアポートと連携協定／大阪府、大阪市、ＪＲ西、阪急となにわ筋線の整備計画に合意／単元株式を1000株から100株に変更・株式併合（5株を1株に）／台風21号の被害を受ける（男里川橋梁など）／モントルー・オーベルラン・ベルノワ鉄道と姉妹鉄道協定

二〇一八（〃30）年　アンテナホステル「ＢＯＮ ＨＯＳＴＥＬ」開業／**「南海グループ経営ビジョン2027」「共創136計画」発表**／台風21号の被害を受ける（関空連絡橋ほか）／**★「なんばスカイオ」開業**

二〇一九（〃31）年　鋼索線で車両および付帯施設を更新

第4章　阪神デパ地下の源流

はじめに

阪神梅田駅にある阪神百貨店本店はその南側の新阪急ビルと共に二〇一五年から建て替えが進められており（図4―1、2）、二〇一八年六月、地下1階の食品売場にある「スナックパーク」を南側に移転リニューアルした。新聞報道によると「130席のスタンド席を設け、500円のワンコインランチや夜のサク飲みができるようにする。在阪百貨店で珍しい立ち食いコーナーを復活させ、大衆性をアピールする。名物のイカ焼きもスナックパークに移転する」とある[1]。

図 4-1　大阪神ビル（工事中）

出所：筆者撮影 (2015 年 6 月)。

図 4-2　大阪神ビル（営業中）

出所：筆者撮影 (2017 年 12 月)。

図 4-3　大阪・梅田の新・飲食エリア

出所：『日本経済新聞』2018 年 8 月 24 日付（地方経済面）。

図４―３に見る通り、最近の大阪・梅田にはちょっとした飲食エリアが急増している。その背景には大阪の商業施設の高単価・衣料品の販売落ち込みがある。ファストファッションやネット通販に押されているのである。一方で、外食需要は拡大しており、女性の社会進出により外食する家庭が増えており、また大阪市ではレストランのない宿泊主体のホテルが増加しており地下街などの飲食店で食事する訪日客が増えているのである[2]。

巽尚之『日本一の「デパ地下」を作った男』（集英社インターナショナル、二〇一八年）によると、阪神百貨店の地下食品売り場（デパ地下）は日本一であるという。百貨店の売上高に占める食品の割合が二〇〇五年以降約四〇％で、最近の統計（二〇一八年）では約四五％まで上昇しているからだという。それは、高島屋の約二八％、大丸（心斎橋店）約二〇％、三越伊勢丹ホールディングス約二五％、近鉄百貨店約三五％など、全国平均の約三〇％弱をはるかに凌駕している（同書、六一頁）。

確かに、地下一階の食料品売場は、スーパー並みの安さで魚や肉、野菜など生鮮品を多く取り扱っている。惣菜品や菓子が豊富な印象の大丸梅田店とは一線を画す売場のように見える。[3]

ではこうした阪神百貨店の大衆性というか庶民性というか、そういう特徴がどうして生まれてきたのだろうか。以下では、その理由を戦前の阪神電鉄の動向、戦後の阪神百貨店設立などから歴史的に探ってみたい。

一．戦前の阪神電鉄

一—一．阪神の小売事業参入の理由

そもそも、阪神の小売事業は電鉄が兼営していた電灯・電力事業から派生したものである。

阪神百貨店の社史[4]は次のように記している。

阪神電鉄では、……電鉄の付帯事業として、大正年間から停車場内で直営洋食堂を兼営してきたが、昭和八（一九三三）年三月二九日、旧梅田停留所跡（現、新阪神ビル）で「阪神マート」を開業した。これは、当時阪神電鉄が東浜に発電所を持ち、沿線の家庭や工場に対する電灯、電力の供給事業を兼営し、駅前の営業所で電球、電気スタンドなど電気関係の器具、部品を取り扱っていたので、電車の乗降客の利便をはかるため、これらの商品と合わせて食料品、日用家庭雑貨なども販売したのが始まりである。

このことは意外と知られていない。同じ電鉄系でマーケット、百貨店を直営した阪急（当時は阪神急行電鉄）の場合は、経営者の小林一三が沿線の乗降客を狙って小売店舗を開いた。一方、阪神の場合は運輸事業に次いで電灯・電力事業の利益が大きかったために、沿線の電灯利用者に電気スタンド、照明器具などを販売する目的で小売店を開いたのである。図４―４は阪神の千船電燈営業所である。

戦前は電鉄会社が電気事業を行っていたのだが、阪神の場合、「東は新淀川、西は神戸市東灘区、山手は遙か六甲山頂の大部分、阪急仁川から武庫の荘のずっと山手におよぶ幅も実

図 4-4　阪神電鉄千船電灯営業所

出所：『輸送奉仕の五十年』阪神電気鉄道、1955年、ページなし。（阪神電鉄提供）

もある区域であった」[5]。

とはいえ、大口供給は問屋筋の日本電気、宇治川電気が行っていたし、武庫川以東は阪急との競争もあり、必然的に阪神は電灯、電熱、中小の電力に主力を注ぐことになった。幸い一九三〇年代は「天下泰平で、電球、ラジオ、電気時計、電気冷蔵庫、コテ、アイロンと宣伝戦まことに華やかだった」。阪神の本拠は尼崎で、沿線二十数か所に電灯事務所が点在していた。当時流行のラジオや明灯明視運動（明るい電灯をつけて近視を減らせ運動）のおかげで、電灯供給・電気器具の普及が進んだ[6]。

一—二．阪神マート以前の白木屋出張店

一九二五（大正一四）年六月、阪神急行電鉄（現、阪急）は神戸線・宝塚線の専用線完成（一九二六年八月）に先行して、梅田駅阪急ビル二・三階に阪急マーケットを開業した。それまでの五年

図4-5　新京阪の天神橋駅

出所：同前。（阪神電鉄提供）

間は白木屋出張店（八〇坪）を置いてその経営を観察していたのだが、これを機にみずからマーケット（当初八〇坪、後に一六〇坪）を開業したのである。[7]

なぜ直営を決断したのか。一般には、阪急・小林一三の「大衆商法」が理由にあげられるが、一方で一九二三年一〇月、新京阪（現、阪急線）が天神橋駅（現、天神橋六丁目駅）から淡路駅を経由して千里山駅まで結び、さらに数年で淡路—京都（西院）間を開通したため、阪急梅田駅の乗降客が減少したことも一因だったと私は考える。図4—5は新京阪・天神橋駅へ阪神の北大阪線（チンチン電車）が乗り入れている様子である（図4—6は戦後の阪神電鉄路線図）。北大阪線は神戸から阪神国道を通って野田を経由し、天神橋まで乗り入れる路線なので梅田を経由しない。つまり、神戸方面の乗

図 4-6　阪神電鉄路線図

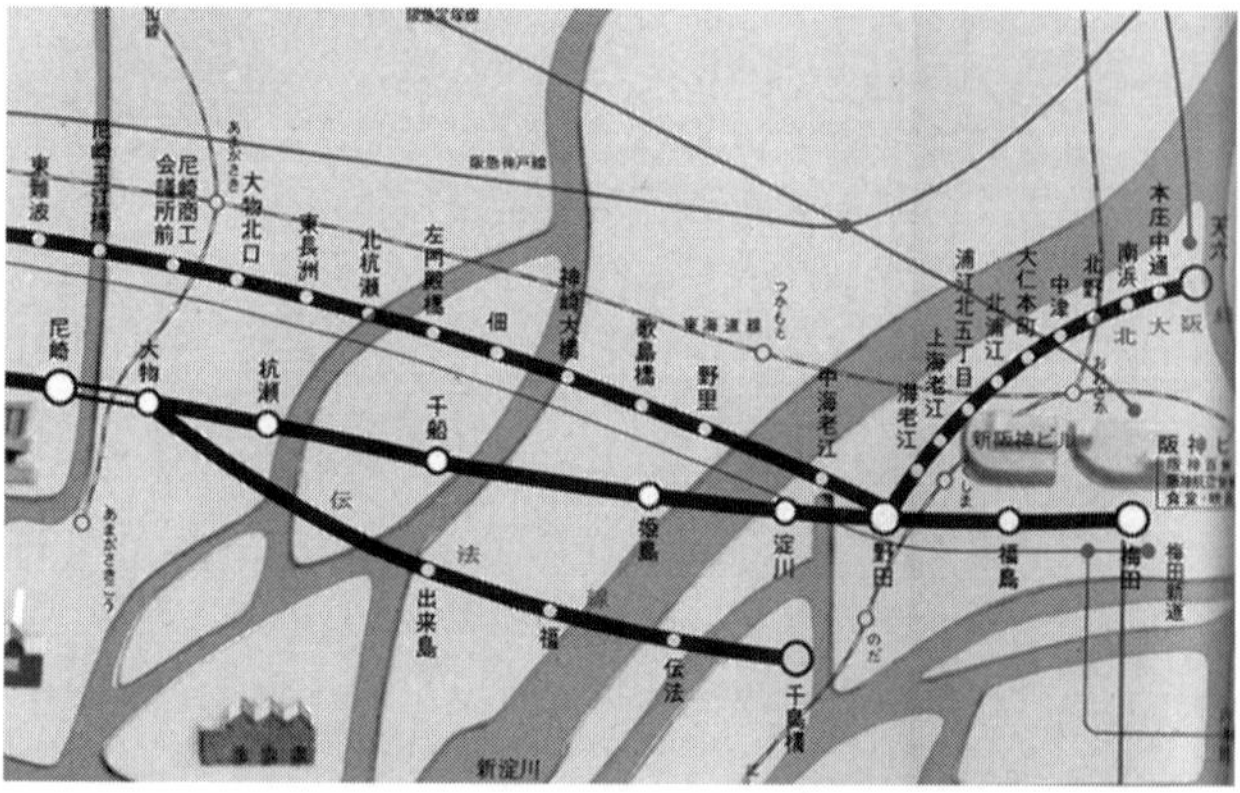

出所：同前。（阪神電鉄提供）

客が阪急梅田駅を経由することなく新京阪の天神橋駅へ行ってしまうのである。

当時、梅田駅の乗降客は半期（六カ月）で四万一千人減少した。一日当りに直すと約二二五人減に過ぎないのだが、阪急の営業報告書は「従来梅田十三ヲ経過シ**新京阪沿線ニ往復シタル大部分ヲ失ヒタル**」と深刻に受け止めていたのである。[8]

さて、阪急梅田駅を出た白木屋は、新京阪の天神橋駅や阪神の梅田駅、京阪の天満駅など約九か所に新店を出した。この時期白木屋は、関東大震災による東京本店の再建中だったので、東京・大阪を中心に小規模店を多数展開していた。阪神の梅田駅出張所もその一つであった。[9]

ある雑誌がその様子を次のように伝えている。[10]

こゝの（阪神梅田駅の―引用者）白木屋では、主として食料品と菓子とに主力をそゝいでいるやうでありまして、いつも新らしい試みによつて、客の購買力を集中させているやうです。なにしろ、一日数万の乗客を呑吐する阪神電鉄の乗車口に、素の乗降客を擁して……その売れ行きは、全く羽が生えて飛んで行く観があります。かつては、その便利重宝な一日一菜が非常に歓迎され、大阪毎日が大そう肩を入れて、大毎阪神版へ新聞社の自発的好意を以て『本日のお菜』として発表されたものでした。即ち、本日は「アンコウのチリなべ」とか、「チキンカツレツ」とか云つた風に掲載されたのでありました。かうした、その日のお惣菜を、買つて帰ればすぐ煮られる様にして売るといふ試みは、（東京の市場や百貨店の食料品売場でも行われているが―引用者）、何といつても、電車の乗り場で求めて帰れるといふことはまた一段と便利なことであります。

この他二階は、化粧品、サラリーマンの必需品、雑貨、タバコ、玩具といふものが置かれて居ります。

お客は、系統こそ違ひますが、阪急同様に阪神沿線の住宅地から通勤のサラリーマンが常得意客であるやうですから、夕刻のラッシュアワーの忙しさは目の廻る様であります。その他、十二時の午食の後の休憩時も相当に賑ふやうであります。

つまり、白木屋阪神梅田駅出張店では、食料品と菓子の品揃えが主力であって、しかも大阪毎日新聞（阪神版）がその日の「目玉商品」を「本日のお菜」として紙面に掲載しているというのである（新聞社が同じ出入橋にあったからであろうか）。さらに、夏場は甲子園球場へ向かう客への対応も伝えている[11]。

……この店の繁栄ぶりを示すについての一つの面白い挿話があります。我が運動界の年中行事の一つとして全国野球ファンの血を沸かすところの甲子園の野球戦の当時のことであります。……ファンは、明けるに早い夏の朝の漸く白みかけた午前四時前、すでに阪神の乗り場に殺到するのでした。

その幾万の人達のお弁当と、そこに気がついたのは、流石その道にかけての慧眼を有してゐる白木屋でありました。

冷しコーヒー、サイダー、サンドウイツチ、お弁当といつたやうなものを、朝の五時から（平常は朝の九時から夜は八時半迄）売り出すことにしました。處が、それではあの甲子園の大鉄傘下に馳せ参じやうとするファン達は、とても場席がとれないからといふので承知せず、朝の四時にこゝ白木屋出張所を叩き起し、先を争つて弁当を求めるいふ有様で、それは全く殺気だつた光景であつたといふことです。五十五銭の買物をして、五十銭銀貨をほうり出して釣銭もとらずに、今や発車しやうとする電車に飛び乗るもの、その日の勝負に

魂を奪はれてゐるかの如き人は、買物をして置きながらお金を払うことさへ忘れて駈け出すと云つた具合で、
お蔭で、甲子園に野球の試合の行はれた連日、白木屋のレジスターの係の娘さんは餘の忙しさに脳貧血を起こして倒れたとも云ひます。店の人達は連日泊り込みで、殆んど徹夜をしたといふことであります。

なるほど、甲子園人気は当時も今と変わらなかったようで、阪神梅田駅発の乗客の便宜をはかるため、通常九時開店のところを、朝の五時に前倒しして開店している。しかも、大盛況であったようで、そのためにレジスター係の女子店員が脳貧血を起こすほどであったという。こうした白木屋の対応を阪神電鉄も身近にみて、後の小売事業経営に生かしたのではないだろうか。

一―三．小売事業参入前の阪神電鉄の顧客対応

阪神が小売事業に参入する前の顧客対応を少し詳しく紹介しておきたい。（前に述べた通り）阪神が小売事業に参入したのは、沿線の電灯、電力利用の顧客に照明器具などを販売するためであった。当初、阪神の顧客対応はすこぶる悪いものだった。当時商店の経営指導で

全国的に有名だった清水正巳が商店雑誌でその点を詳しく紹介している。[12]まず、阪神の課長が友人から次のように言われたという。

「どうも君の会社の人不親切だね」

「何かあったのかね」

「昨夜さ、電気が消えた、停電かと思つたらそうぢやない、よそは點《つ》いてゐる。そこで会社の営業所へ電話をかけた。がなかなかやつて来ない。何度催促の電話をかけてもケンもホロロだ。家内が怒つとつたよ。とうとう懐中電灯をつけながらうちでヒユーズの飛んだのを直したワケさ、あれはも少し訓練が出来んものかね」

他にも苦情の手紙が来たり、あげくに重役にまで苦情が届いたりした。例えば苦情の手紙は「あなたの会社の修理係の人たちはまるでお役人見たいボン〳〵云ひますね。電気を供給する会社だつて、矢張り商人ではないですか。も少し商人らしくしては如何ですか」「家に上がり込んでまるで刑事が犯罪を発見するかの如く盗用電気はなきかと物色する態度は実に不愉快に候」などと手厳しい。

そこで数年前、阪神の課長の要請を受けて清水が同社へ三日間講演に行った。課長は「家庭のお客様に親切にサービスすると云ふ點に特に力を入れて貰ひたい」と依頼した。

清水は「外廻りをする人の、丁寧なる言葉のつかひ方、いんぎんなる態度ものごし、ニコ〳〵した顔付、さう云ふ事の如何に大切なるものであるか、電灯会社の従業員は決してお役人のやうであつてはならない。商人でなければならぬ。**電灯会社は電気と云ふ商品を売るのである**。従業員は其販売員である──さう云ふやうな事を一生懸命説いたのであった」。

また「売上増進と云ふ事が、お客様へ電気の使ひ方を教える事であり、照明の快感を味はせる事であり、いろ〳〵の用途をご覧に入れる事であり、かくしてだん〳〵と電気を使ふ量を殖やして貰ふのだと云ふやうな事」も語った。

清水の講演は課長から大へん喜ばれただけでなく、従業員からも感謝されたという。そこで課長は「営業十則」なるものをこしらえた。

一、親切第一、応対は愛想よく
二、電話では「阪神でございます」と眞先に
三、「毎度有難うございます」を口癖に
四、深く正確に、仕事は其の日に
五、工事は完全、丁寧に

六、粗末に使うな器具と材料
七、常に忘るな商品知識と営業案内
八、勧誘は熱と努力で
九、集金は足を運んで根気で受取れ
十、営業所は整頓、制服は小奇麗

これを会社のいたる所に、営業所のいたる所に貼りだした。そして、毎朝会社の始まる時間に各勤務場所で従業員が一斉に音読するようにしたのである。これが「実によく効いた」という。

例えば九の集金である。これまでは「実に横柄で、家庭へ行つても玄関から這入つて行つて『電灯会社デス』と云つたやうな調子で…『今日は一寸都合が悪いのですが……』と云ふやうな返事をすると、『あんたとこはいつもそんな事ばかり云つてるね』なぞと云つて細君をカツとせしめる」。それが「足を運んで根気で受取れ」と訓練するようになってから、嫌み、嫌がらせを言わなくなった。都合が悪いと言われると「有難うございます。では亦此次の廻りにお寄りいたします」と言い、何度も何度も足を運ぶようにした。すると、集金率がかえって高くなったのである。

実は一九三五年頃の電気事業の収入は運輸収入の五、六割程度で、なんとか運輸収入の水準にまで高めたいと関係者は熱望していた(※)。こうした事情から阪神の接客サービスの改善運動が展開されたのだろう。

※ただし、電気のうち電熱はガスの値段に勝てず、電灯を主にするしかなかったという裏事情もあった。「当時の需要家はたしか一四万戸、そのうち定額灯十一万戸、メートル（従電灯）三万戸程度くらいだが、この電灯需要の増大に主力をそそいだのであった」[13]。

一―四．阪神の顧客（満足）アンケート

最後に、課長は図４―７の手紙、図４―８の返信用封筒を顧客に郵送した。今でいう「顧客（満足）アンケート」である。アンケートは図４―９にある通り、阪神の電気営業サービスに関する四点の質問である。

まず電気の故障連絡からすぐにやって来たかどうか、次に十分修理が完了したかどうか、さらに受付や現場の従業員の言葉遣い・態度はどうだったか、最後に何か気づいたことはないか、と簡潔に営業サービスの要点を質問している。

また、空白部分が多いのが「三」であることから、同社の意図が「すぐにお伺いして修理するのは当たり前」「問題は従業員の接客サービス」にあることがよくわかるようになって

図 4-7　阪神電鉄の顧客への手紙

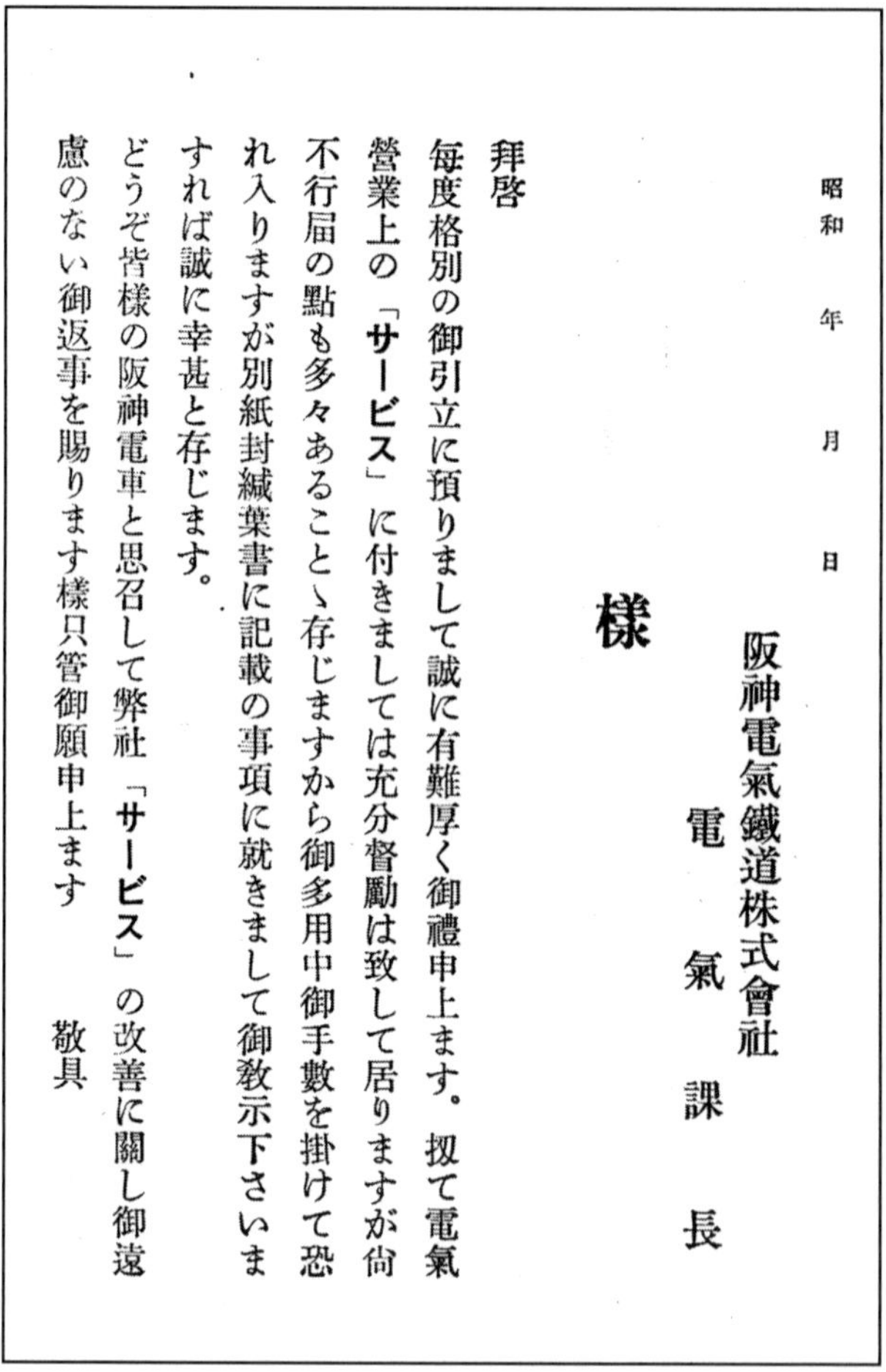
阪神電氣鐵道株式會社

電　氣　課　長

昭和　年　月　日

様

拝啓

毎度格別の御引立に預りまして誠に有難厚く御禮申上ます。扨て電氣営業上の「**サービス**」に付きましては充分督勵は致して居りますが尚不行届の點も多々あることゝ存じますから御多用中御手數を掛けて恐れ入りますが別紙封緘葉書に記載の事項に就きまして御教示下さいますれば誠に幸甚と存じます。

どうぞ皆様の阪神電車と思召して弊社「**サービス**」の改善に關し御遠慮のない御返事を賜ります樣只管御願申上ます　敬具

出所：清水正巳編輯『商賣』第 4 巻第 6 号、商店経営研究所、1938 年 6 月、107 頁。

図 4-8　返信用封筒

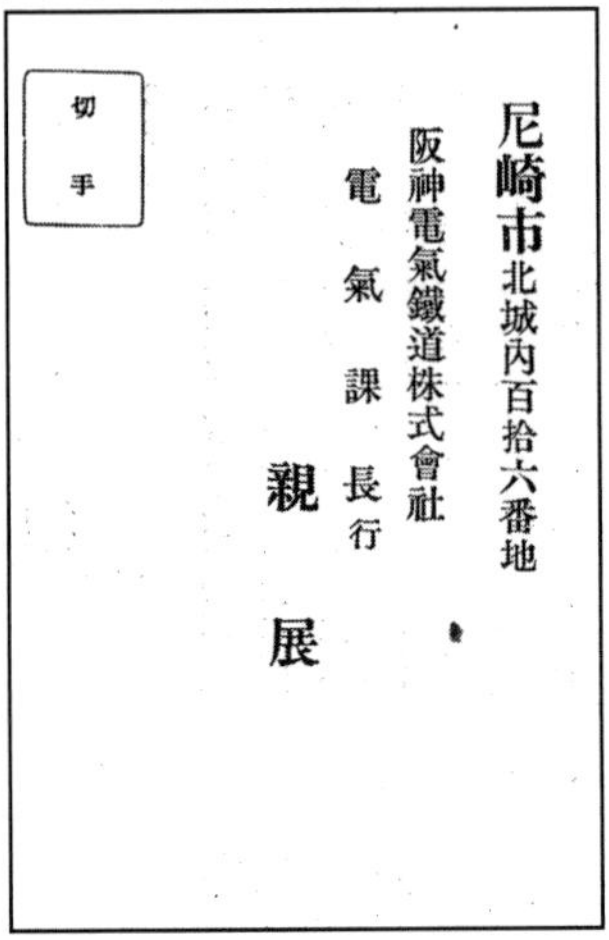
切手
尼崎市北城內百拾六番地
阪神電氣鐵道株式會社
電氣課長行
親展

出所：同前、108 頁。

図 4-9　顧客アンケート

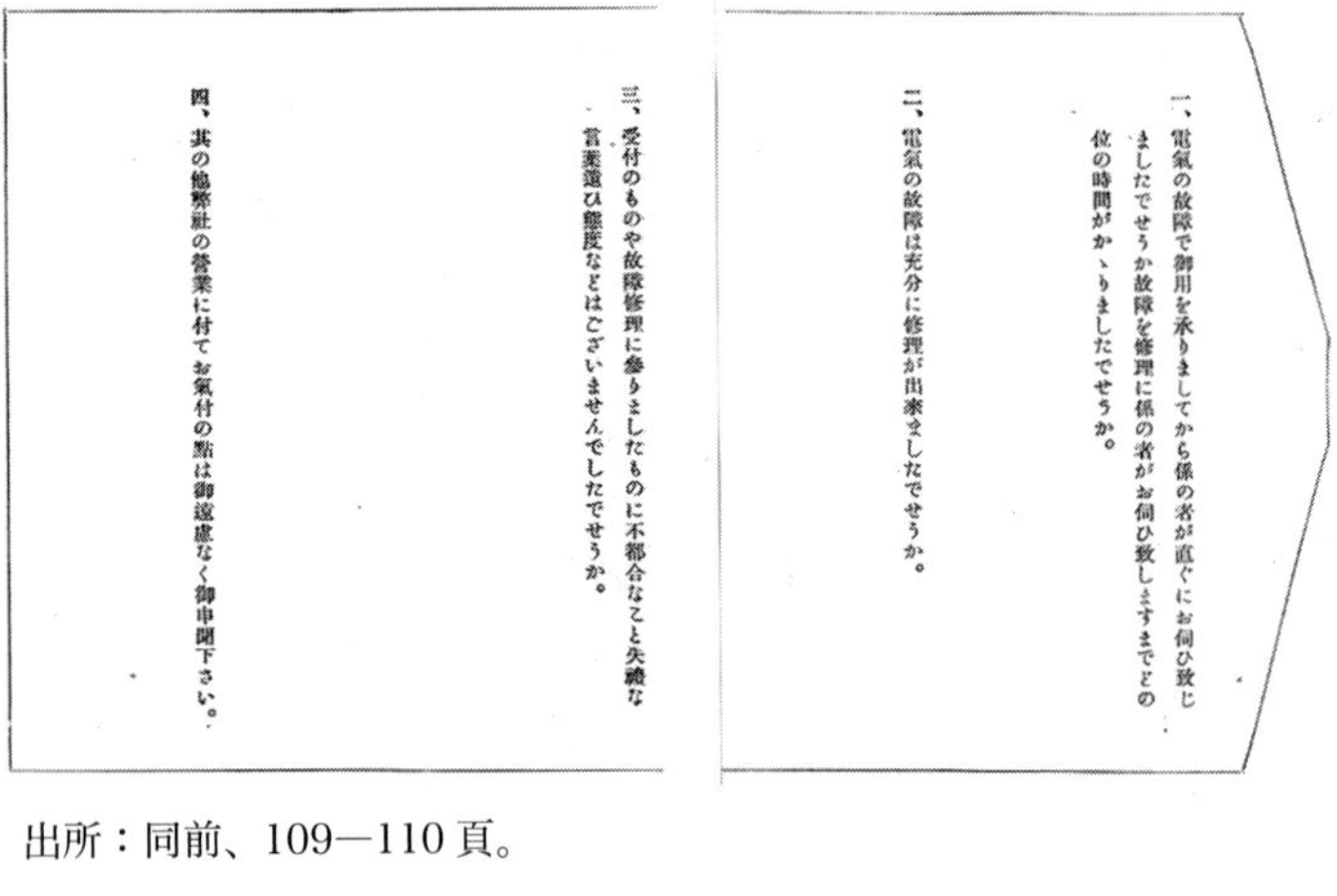
一、電氣の故障で御用を承りましてから係の者が直ぐにお伺ひ致しましたでせうか故障を修理に係の者がお伺ひ致しますまでどの位の時間がかゝりましたでせうか。
二、電氣の故障は充分に修理が出來ましたでせうか。
三、受付のものや故障修理に參りましたものに不都合なこと失禮な言葉遣ひ態度などはございませんでしたでせうか。
四、其の他弊社の營業に付てお氣付の點は御遠慮なく御申聞下さい。

出所：同前、109―110 頁。

図 4-10　関西私鉄の電気事業収入（1940 年度）

（単位：千円）

	電気供給事業収入	電鉄収入・兼業収入	電気事業比率（%）
南海鉄道	7,145	17,118	29.4
阪神急行電鉄	5,500	26,244	17.3
京阪電気鉄道	6,120	14,178	30.2
大阪電気軌道	3,388	17,340	16.3
阪神電気鉄道	7,989	14,739	35.2
山陽電気鉄道	932	3,070	23.3
計	31,074	92,689	25.1

出所：関西地方電気事業百年史編纂委員会編『関西地方電気事業百年史』同会、1989 年、469 頁より抜粋。

いる。

ところで、このアンケートが秀逸なのは質問だけではなく、「返信の方法」にある。どのような方法だと思われるだろうか。

清水によると「其中に這入つてゐるのが、普通のハガキではない封緘葉書である」。つまり「ハガキだと人に読まれるものだから、お返事を下さらない人が多い。封緘葉書だとお返事をどし〳〵下さる」というのである。つまり、封が出来るハガキ（封緘葉書）を用意した点である。

アンケートの返事は「とても親切です」「サービス満点です」がほとんどで、同時に電気の売上高と器具等の売上高が急激に増えたという。実際それは恐らく「日本一」ではないかと清水は推測している。

図4―10は一九四〇年度の関西私鉄の電気事業収入を表したものであるが、全収入（電鉄収入・兼業収入）

に占める電気事業の比率を見ると、阪神が三五・二％でトップであり、次に京阪（三〇・二％）、南海（二九・四％）が続く。一番低いのは阪急（一七・三％）である。ここから阪神が電気事業に力を入れていたことがわかる。接客サービスの向上も電気事業の増収に一役買っていたのである。

小括

関西では阪神デパ地下が有名だが、これまでその理由を戦前にまでさかのぼって運輸事業の兼業から検討したものはなかったように思う。戦前、阪神の電気事業[14]が大口需要家ではなく、沿線の小口客に対応せざるをえなかったことが電灯における「営業十則」「顧客（満足）アンケート」などの接客サービスへとつながった。これは阪急マーケットとは異なるものの、接客サービスという点では大いに共通すると思うのである。

二．戦前・戦中の大阪梅田駅前〜阪神梅田駅延伸、百貨店計画、地下道

二―一．阪神梅田駅の地下延伸

戦前昭和初期まで阪神梅田駅は大阪駅の西側(出入橋付近)にあった(図４―11参照)。ところが、大正末年大阪市の都市計画、つまりは御堂筋線建設のために、大阪駅東側（ちょうど阪神急行

電鉄〈阪急〉のななめ向い側）まで「地下で」延伸することを求められた（阪神は神戸三宮にも地下で延伸している）。

もともと大阪市は市内に高速鉄道を二本（**御堂筋線・九条線**）建設する予定でいたのだが、地盤の関係から断念し現在の御堂筋線一本だけの計画とした。そこで交通アクセスの関係から阪神梅田駅を大阪駅東側まで延伸する必要性が生じたわけである。阪神は大阪市の都市計画に合わせて、順次土地（図4—12のAほか）を買収していったわけだが、なぜだか図4—12のBは買収できなかった（一九二九年から買収を開始して約八年

図 4-11　大阪駅前付近整理事業平面図

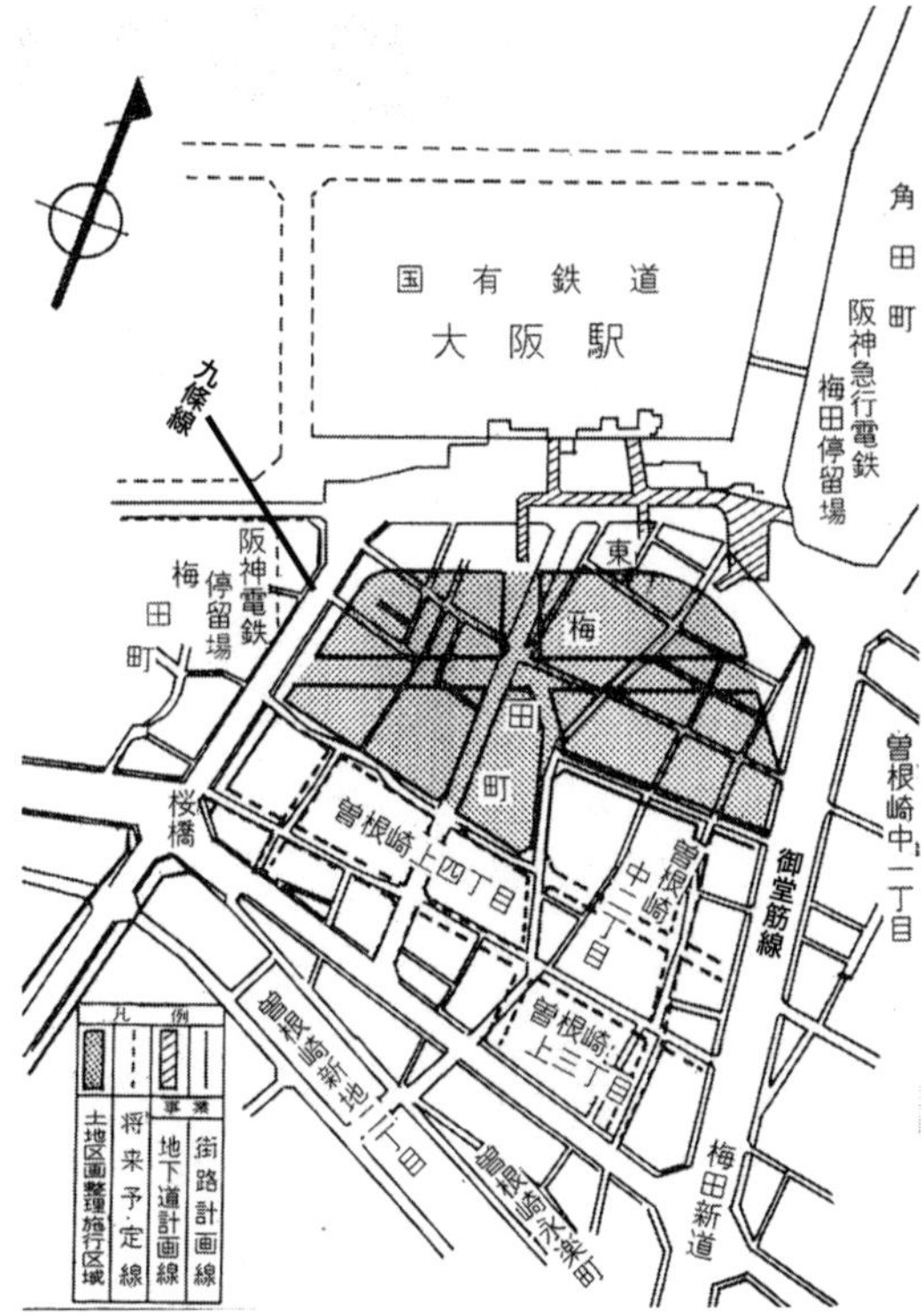

出所：大阪市会事務局調査課編『大阪市会史』第 24 集、同課、1980 年、150 頁に加筆。

後にようやく完了する）。あとでわかったのだがＢの土地は阪急が南駅をつくるために買収して所有者になっていたのである。ここに阪神と阪急の土地争いが起こったのである。なぜこうなったのだろうか。それは阪神が大規模な百貨店を計画していたからである。

二―二．阪神の百貨店計画と阪急との土地争い[15]

阪神の百貨店計画

一九三七年一月阪神電鉄が梅田駅に大規模百貨店計画を公表した（資本金二〇〇〇万円、四万株）。つまり阪急百貨店のなめ向かい（図４―12のＡ）まで駅を地下で延伸し、そこにターミナルビル（阪神百貨店）を建設するというのである。

すると阪急がＢの土地を取得し、阪急南駅を（乗客混雑解消のため）建設すると主張した。阪神のターミナルビル建設にはＡＢ両方の土地が必要であり。ここに両社の土地争いが展開されたのである。

もともと阪急と阪神の対立は当時から有名で、六甲関係の競争、運賃競争、運転競争及びバス競争とあり、新聞などでは「血みどろの抗争」と呼ばれたが、世間は好意的に見ていた。しかし、専門家は否定的で、同じような投資行動は二重投資となり社会的な無駄（ロス）が大きいと見ていた。

図 4-12　大阪駅前ブロック別整理図

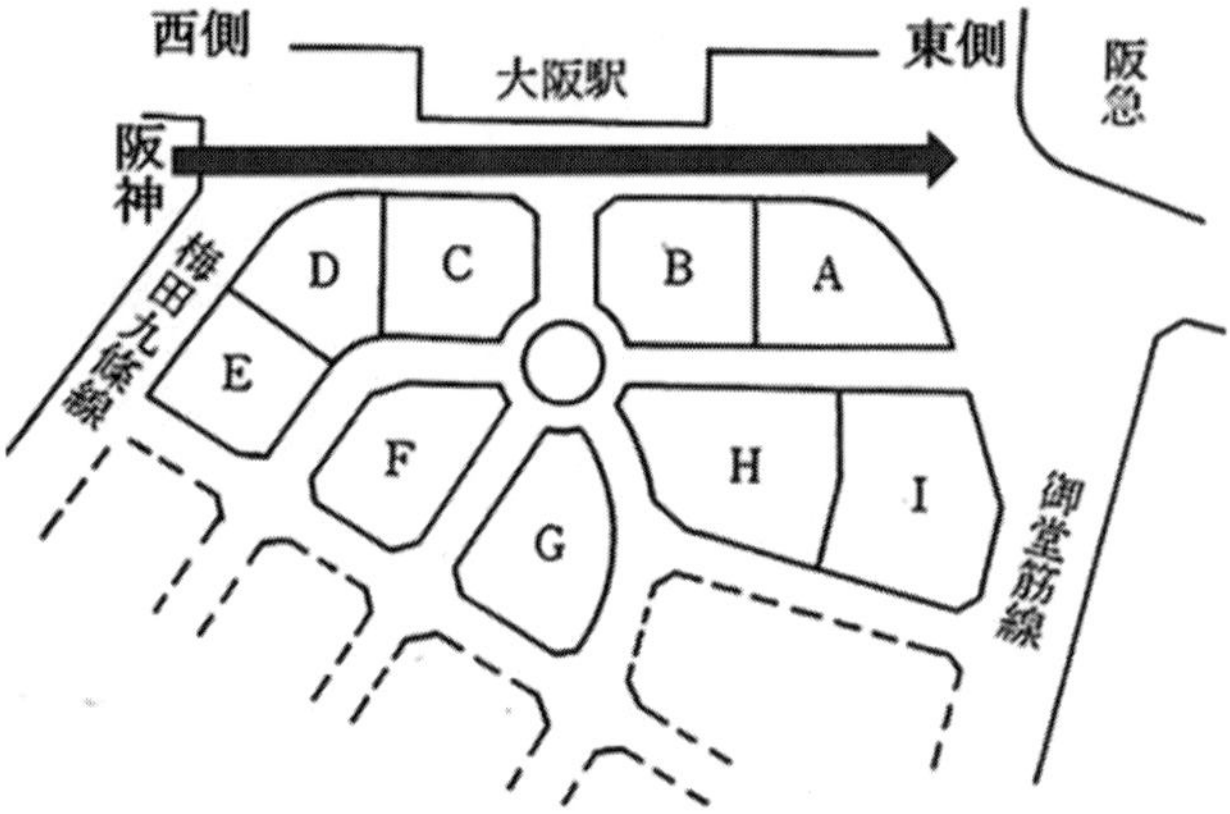

出所:『大阪駅前市街地改造事業誌』大阪市、1985 年、64 頁に加筆。

阪急にしてみれば阪神が計画したビルディング延面積は約七万三千㎡（約二万二千坪）で、阪急百貨店の約五万三千㎡（約一万六千坪）を大きく上回っている。阪急の百貨店事業は運輸収入に次いで高い収益を上げていたため、阪神の百貨店計画は阪急にとっては死活問題となったのである。

一方、阪神にしても大阪駅地下乗入れやターミナルビルを建設する費用（総額二、七〇〇万円以上）を、ビルの賃貸だけではとても回収しきれないと考え、百貨店経営が必須になったと推測される。

阪神が土地買収を開始した一九二九年は阪急百貨店（売場面積は旧阪急マーケットの約一〇倍）が開業した年である。この年阪神の経営者島徳蔵は雑誌インタビューで次の通り答えている。[16]

井尾（記者）「尚ほ副業として最近電鉄会社

の百貨店経営が流行して居りますが、あなたの方にも何か御計畫が有るのですか」

島「そういふ事に就いては未だ考へては居りません」

井尾「電鉄会社として百貨店の経営は事業としてはどうでせうか」

島「よい事でせう、各社がやるのだから、私の主義はどうかと云ふに、‥‥僕は直営はやらぬつもりだ、若し新規の仕事をやらふと云ふ様な場合には責任者と云ふものを定めて其人に金を貸してやらすまでだ、勿論金の利息は貰つてだね」‥‥（中略）‥‥

井尾「他の会社との競争上どうしてもやらなければならないと云ふ場合には」

島「そういふ場合は已むを得ないね、やるよ、然し今日阪急なんかと喧嘩する必要もないね、僕は僕の方の線路だけを発展させれば良《よい》のだから」

島は百貨店経営には関心を示さず、やるとしても直営はせず店舗を貸して利息（家賃）収入を目当てにするという。またどうしてもやむを得ない場合には直営するが、しかし「阪急なんかと喧嘩する必要もないね」と本業の輸送事業を優先させようとしている。

島の言う通り、同年八月にはすでに高島屋が阪神梅田駅への進出を申し入れ、翌年一九三〇年八月高島屋と覚書（一〇年契約、七階から地下２階まで延一三〇〇〇坪、月額坪七円五〇鉄で賃貸）を交わしている。実は同じ時期に、神戸三宮にもターミナルビル（三宮阪神ビル、一九三三年九月竣工）建設を進めており、同ビル（総坪約三〇〇〇坪のうち約二〇〇〇坪）を十合呉服店（そごう）に月額坪六円五〇銭で賃貸させることにしていた[17]。

こうした動きからすると、阪神は百貨店事業を単なる不動産賃貸事業と見ており、確かに阪急百貨店との対決も考えていなかったように見える。その後、梅田駅の西と東の両方に阪神マート（一九三三年、一九三九年）を直営するのであるがその規模は小さい（この点については後述）。また一九三八年九月資材統制強化により事実上高層ビル建設ができなくなり、同年一〇月高島屋との覚書を白紙に戻し、さらに一九四二（昭和一七）年二月には阪神百貨店自体も解散してしまうからである。

阪急との土地争い

さて、少し時間を戻して一九三七年阪神の百貨店計画により生じた阪急との土地争い（図4―12のB）を見ておこう。

両社は互いに「声明文」を発表し、「計画の発端ははるか昔にさかのぼることをのべ、阪神が優先的に手続きの正当なる点を強調するのに反し、阪急は数字をあげて終点（南駅）拡張の絶対必要なる点を強調している」[18]。

阪急は特に念を入れており、声明文のほか法曹関係者の意見を集めた冊子（『大阪駅前整理問題意見集』同社、一九三八年三月、全一四四頁、関西大学図書館所蔵）まで出している。そこに、法学博士・弁護士の林順三郎、仁井田益太郎、法学博士の美濃部達吉、弁護士の宮本英雄、角源泉が名を連ねており、おおむね阪急寄りの意見を寄せていたのである。

「血みどろの抗争」に行政も手を焼いたのか、所轄官庁が鉄道省から大阪府、そして大阪市へと移り、最終「換地処分」によって裁定されることになった。ここに「換地処分」とは、区画整理地内にある民間の土地を行政（大阪市）が公共目的に合わせて配置し直すことをいう。

新聞報道によると、この換地処分のために大阪市土木部の駅前整理事務所長は所員と共に山にこもって「所員をひとりづつお前は阪急になれ、お前は阪神になれ、お前は吉本さんだ、お前は渡辺さんだと決めてみんな地主になったつもりで希望や意見を述べてみよと言って利害の錯綜した各地主の立場から大いに討論をやらせこれじつと聞いてゐて原案をつくった」という[19]。

また換地処分の直前には、市議会で大阪市と阪神の覚書（密約？）が暴露されるハプニングもあった[20]。

阪神が百貨店建設計画を発表した翌年の一九三八年五月一九日換地処分が発表された。同日午前一一時大阪市が問題の土地（図４—12のＢ）を阪神に与える決定を下したのである（図４—13参照）。

敗れた阪急の落胆は大きかった。「過去一年間、四百数十万円の大資本を投資しその金利だけでも十数万円を使って計画した阪急南駅の候補地がつひに一坪も得られなかつたのだから」無理もない。

ところで、阪急が与えられた土地（図4—13のC、図4—12のI）は戦後「新阪急ビル」となる。今日、同ビルだけが「阪急村」から離れて立地している理由は、この「土地争い」が原因だったのだ。

図 4-13　換地処分結果

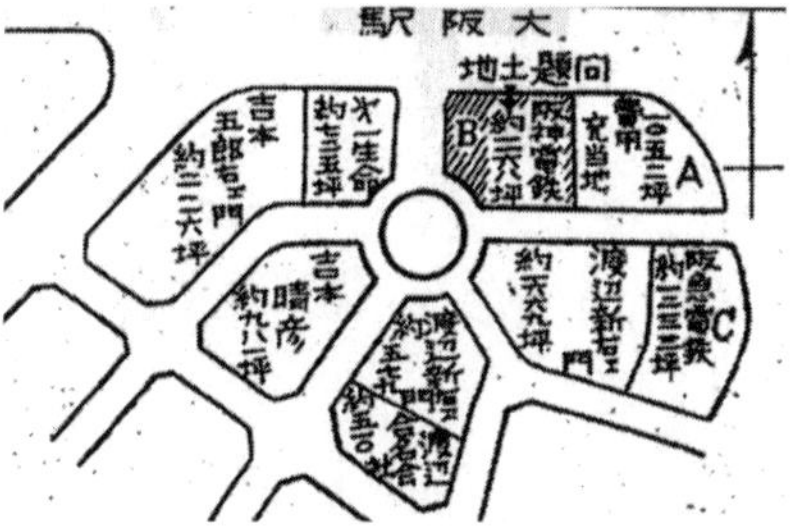

出所：『大阪毎日新聞』1938 年 5 月 20 日付、第5面。

結局、阪急は阪神の百貨店計画を止めることはできなかった。意外にも阪急の小林一三は新聞で「たまにはギャフンとやれるのもいい」、行政訴訟もやらないと述べた。[21] 折しも日中戦争による資材統制により阪神ビルの建設に制限が加えられ、阪神百貨店は開業されなかった。一方で阪急は大食堂街（現、HEPナビオ）、劇場、映画館などの建設計画（アミューズメント・センター構想）を着々と進めていたのである。[22] この辺り小林の事業に対するしたたかさがよく出ている。

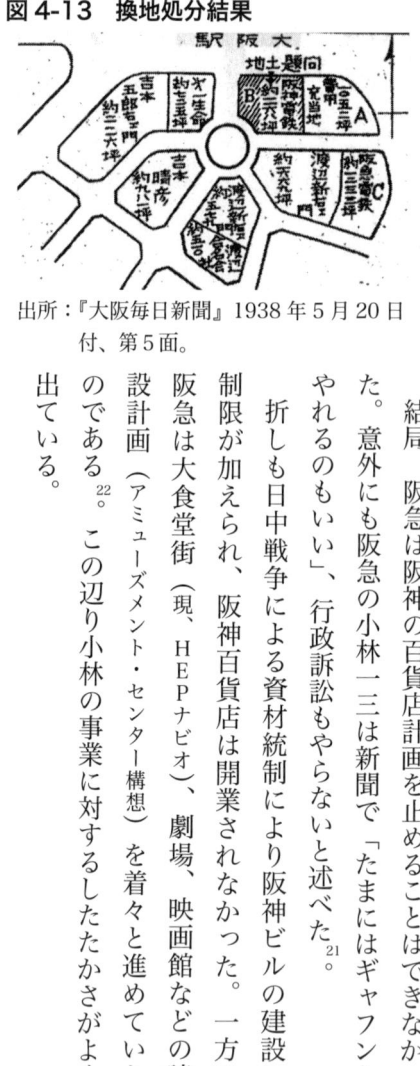

二―三．大阪駅前地下道の戦前・戦後[23]

戦前の地下道と阪神マート

一九三九年三月阪神が国鉄西口側から阪急百貨店前の東口側（現在の場所）まで地下で八〇〇m路線延伸した。その二年後の一九四一年四月には阪神ビルが地下二階、地上四階という制限付きで完成し、九月には大阪駅と阪神梅田駅の間の道路下にある大阪駅前地下道も、（大阪駅前整理事業により）広大な広場とともに建設された。図４―14は大阪駅の地下通路への階段で、図４―15は配置図である。

図 4-14

出所：『大阪毎日新聞』1941 年9月７日付、夕刊第２面。

図 4-15

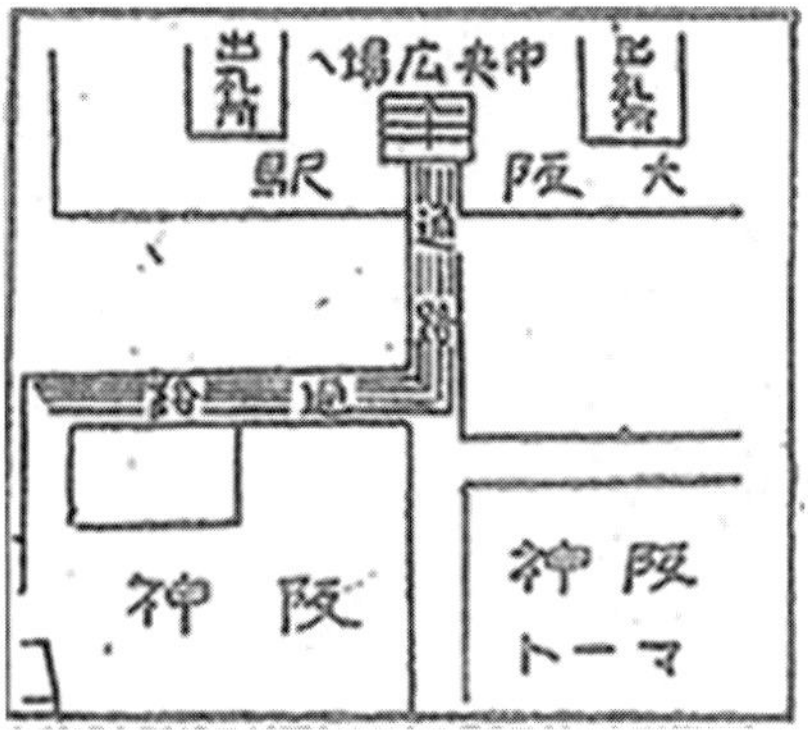

出所：同前。

おかげで大阪駅前は面目を一新し、各交通機関の乗降客、地上・地下の通行客が目に見えて急増した。こうした動きに先行して、阪神電鉄は西阪神マート（一九三三年三月設置）と東阪神マート（三九年三月設置）を閉鎖し、一九四〇年五月、梅田阪神ビル地下一階に新しく「阪神マート」を開店した。地下二階（三九〇九m²）がプラットホームで、地下一階（三八七二m²）が売場、阪神映画場、食堂、喫茶室となったのである。

当時は年中無休で、朝の九時から晩の九時までの一二時間営業だった。営業開始にあたって女子約四〇名の新人と、経験者として大鉄百貨店（現、近鉄あべのハルカス）から幾人かを採用して女子の責任者とした。

とはいえ、阪神マートはまだ百貨店には程遠かった。台所用品など日用家庭雑貨、明視スタンドなどの電気器具、菓子・パンなど食品、衣料品、化粧品、書籍・文房具などかなり多種類の商品を販売した。一九四一年一一月から紳士雑貨・洋傘を販売し、一二月には薬局、一九四二年四月には理髪室をそれぞれ開設した。

一九四二年八月一五日、阪神マートは時局柄英語の「マート」を改称して「阪神地下大店」に改称した（大阪駅には「専門大店」が入居していた）。戦時下配給制の拡大により、自由営業が大幅に縮小した。

戦後の地下道

一方、地下道の方は新聞スタンドが開業し、敗戦のヤミ市時代を経て一九四七年大阪市が（悪質なヤミ市業者を排除するため）一部の店舗に道路の占有を許可してから地下街に姿を変えていく。ただし当時は道が暗く、浮浪者のたまり場であった。

一九四九年に串カツ店「松葉」が創業し、一九五一年阪神マートが地下道北側に（従来は広告用のショーウィンドーとして使用してきた）奥行約五〇センチ、間口五〜六メートルの「額縁」を並べたような改造店舗を一三区画つくり、「全国銘菓名物街」と名付けた。

殺風景な地下街に出現したこの売店は、菓子類を主体にそれぞれ地方特産品を陳列し、店員が店の前で販売する風変わりな構えであり、まずは兵庫・京都（二区画）・東京・長崎・山口（三区画）・島根（同）・鳥取（同）・岡山・広島の九都府県がお国自慢を披露した。地方出身者にとっては郷愁を覚える存在で、旅行者にとっては手軽な土産売場として人気を呼んだ。後に西口側にも店舗が増設され合計四〇区画となりほとんど全国の銘菓、名物が勢ぞろいしたので、通称「アリバイ横丁」と呼ばれるようになる[24]。

図4—16は一九六〇年代の地下道図面（天地逆）で、図4—17は店舗の外観である。これを見ると「額縁」店舗とはいえ、地下道を通行する人にとっては気の利いたお店に見えたことだろう。

ところで、なぜ阪神の全国銘菓名物街が「アリバイ横丁」と呼ばれたのか、その手がかり

図 4-16　大阪駅前地下街図面

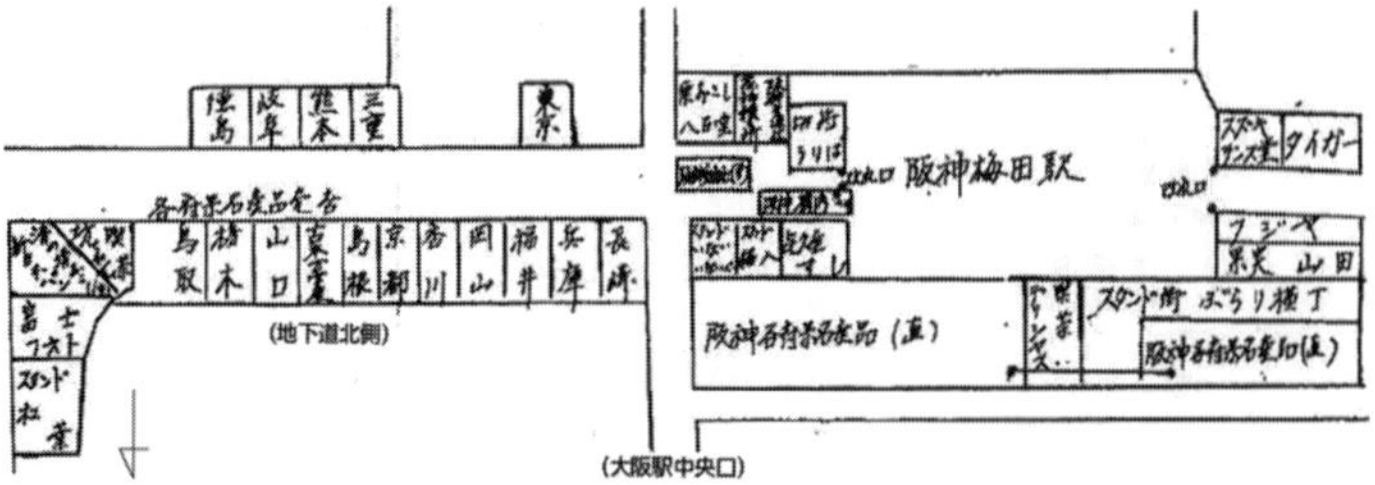

出所：『大阪市全商工住宅案内図帳（大阪市北区）』住宅協会出版部、1964 年、内容明細②より作成。

が当時の雑誌『旅』（第二九巻第二号、一九五五年二月）の記事「東西ターミナル繁盛記」にある。

北は北海道から、南は九州の鹿児島まで全国の名物（あまりたいしたものはないが）を取りそろえているこの土産店は、大阪人にもよく利用されることがある。（利用という言葉が気に食わねば、悪用である）

つまり、こうである。

「出張という名目を利用して、一週間か十日程女房の許を離れたいんだが、なんかいい工夫はないだろうか？」

「そんなことは、ヘッチャラだ、北海道へ行ったことにしたらええやないか」

「北海道？」

「ビックリせんかてええがな、あとはオレにまかしとき、チャーンと奥さんが納得するようにしといたるさかい」

図 4-17　全国銘菓名物街（通称、アリバイ横丁）

出所：島根県名産の店、1966 年、大阪府公文書館所蔵。

十日間ほど家を空けて帰ってきた本人に友人が全国銘菓名物街を案内する。

「どうや、心配することないやろ、北海道と書いた店へ入ろう」

その、北海道の看板に上っているところでは、アイヌが彫ったという、熊の置物を売っている。包紙までチャーンと北海道のシルシがついているんだからよく出来たもの、

「熊だけやったらあかん、途中の列車の窓から買うたということにして……」

と、静岡県という書いた店で、わさび漬を買いもとめて、ひさしぶりの御帰宅という次第。

世の奥様方よ、夢々お土産物には騙され給う勿れ、である。（だまされない秘訣があるか——引用者）それは、旦那様と一緒に「旅」をすることである。

つまり地下道の都道府県別の店は「その時私はここ（大阪）にいなかったよと証明する（不在証明＝アリバイ）」ために利用され、そこから「アリバイ横丁」と呼ばれたのだろう。

一九五三年頃には西側の一角に飲食店街（後の「ぶらり横丁」）が開設され、一九七〇年大阪万博では観光客でにぎわった。一九八〇年大阪市が地下街整備事業に着手し、一九八八年には地下道の柱にタイルをはるなど「美装化」が始まった。一九九〇年「国際花と緑の博覧会」（花の万博）をきっかけに、東側の新聞スタンドや壁新聞を撤去した。スタンドは八〇年代まで一〇店以上あったが、「往来の支障になる」という理由で強制撤去された。

二〇一三年三月になると阪神が百貨店の建て替えを発表し、地下道の拡幅整備案が示され、大阪市が地下道の各店舗に撤去を要求した。翌年三月には前出「アリバイ横丁」が閉鎖され、二〇一五年六月には串カツ店「松葉」やぶらり横丁のソバ店など五店舗が自主退去し、取り壊し工事が始まった。二〇二〇年には地下道の拡幅工事（幅八ｍから一五ｍへ）が完了する予定であるという。今地下街のリニューアルが行われている。

戦後の阪神百貨店

図 4-18　甘辛のれん街（阪神百貨店１階）

出所：『あまカラ』第 18 号、甘辛社、1953 年 2 月、21—22 頁。

戦後阪神マート（一九四五年一〇月から約一年間阪神ストアと改称）は、一九四七年売場面積約一〇七二坪（約三五三八㎡）となり従業員は三〇〇名となった。翌年一二月には戦前の百貨店と同様、お買上品の無料配達も開始した。

一九五一年一一月には「レベルが低く感じられる」マートの名称を廃し、新しく阪神百貨店と呼ぶことにした。阪神電鉄の定款に百貨店業を追加し、売場面積は一九〇七坪（約六二九三㎡）、従業員四〇六名、年商一〇億八、一一六億円となった。

翌年一一月には、一階売場の業績向上を図るため銘菓などに〝のれん〟を誇る京阪神の有力業者の参加を得て「阪神甘辛のれん街」を開いた。これは東京の東横百貨店（現、東急百貨店）に次ぐ画期的な試みで全国的にも有名になった。図４—18は店舗の様子である。のれん街誕生の背景を、山崎豊子は小説『暖簾』（新潮文庫、二〇〇九年改版、一八四頁）で次のように描写している。

大都電鉄は大阪駅の玄関前から、神戸、芦屋、尼崎などの隣接都市と、高級住宅地、工場地帯をも結びつけて走る大電鉄会社である。その大阪駅の構内の地下と地上五階に百貨店を経営していたが、この百貨店はどう贔屓目にみても、一流とはいえなかった。せっかく大阪駅の玄関前という地の利を得ていながら、こんなはずはないというのが大都百貨店の現役部長達の意見であった。大都電鉄、百貨店全体としては、電鉄でうんと稼いでいるから、格別に百貨店の不振に困ることもなかったが、それでは真向うに店を張っている阪急百貨店に対してあまりにも芸がなかった。阪急のように百貨店に重点をおいていないし、戦後の百貨店としての起ち上りも遅れていたから、むきになって競争するのは、場違いだったが、何か一つ大阪らしい特長のあることをしたかった。

文中、大都電鉄は阪神電鉄、大都百貨店は阪神百貨店であろう。小説とはいえ、戦後の同社がおかれた「状況」と「意気込み」がひしひしと伝わってくるのである。

実際のところ、当時の阪神電鉄は「沿線の開発、他社との競争という点では関西五代私鉄中、最も不利で経営は苦しい。一割配当は継続しているとはいえ、未だに八千万円の償却不足をかかえている有様」で「社運挽回」に懸命であった。社運挽回の一つに「梅田の阪神百貨店の改増築工事」があり、「延一万四千坪、投下資金十八億五千万円という、当社にしては思い切つた計画」であった。他には野田駅付近の立体交差工事（総工費八億九千万円、うち大阪市負担五億八千万円）、車両二四両新造（五億三千万円）、伝法線延長による難波乗入れ、バスの御堂筋線乗入れ等があった（「阪神電気鉄道」『東洋経済新報（投資版）』一九五七年三月、六五頁）。

三．阪神デパ地下の誕生

デパ地下とは百貨店の地下一階食料品売場をいうのだが、なぜ地下に食料品売場を設置したのだろうか。キッカケは関東大震災以降、百貨店が「下足預かり」を廃止したことにある。すなわち、大正期までの呉服系百貨店は（風呂屋に入る時のように）靴やゲタを脱いで上がる習慣があったのだが、それをやめて昭和初期には相次いで「土足入場」としたのである[25]。

松田慎三氏によると「下足廃止が販賣場としての地下室の利用を促し、地下室は生活必需品の販賣場として用ひらるゝに至つた」という[26]。

例えば、大阪の場合、商工会議所から食料品や雑貨の廉価販売を要請されて始めたところ、多くの客が集まったので百貨店の大衆化も進んだ（『サンデー毎日』第一年二五号、一九二二年九月十日、一四面）。

ただし、マーケット目当ての客単価は呉服客よりも安く、逆に数が多いために、下足預かりをしているとコスト的に合わなかったのであろう。だから「土足入場」にして、マーケット用の食料品、雑貨などは一階もしくは地下に集中させたものと見られる。そう考えると、「集客装置」としての地下一階食料品売場は昭和初期からあったと言うことができる[27]。

三―一．阪神電鉄から分離独立

一九五一年三月小説『めし』（未完）を朝日新聞に書き始めた林芙実子は、当初「めし」という題名が気に入らなかった。しかし、大阪のあちこちを取材している内、盛り場のあちこちに白地に黒で〝めし〟と、そのものズバリで書いた看板をたくさん見て「やっぱり、大阪は動いているのよ。踊っているわ」と大変気に入ったという[28]。

また「私は、日本人の生活に、めし以外に論じる重要な食物があるとは考えられません。私達は、如何にも、長い間、風雨に耐えて、銀めしを夢みて来ました。‥たきたての、御飯のような、ふっくりした小説をきどりのない人達にあてて、のんびりと私は書きたいのです」と記している[29]。小説の舞台が戦後復興期の大阪であり、その象徴が「めし」というわけである。

林の小説が開始された同じ年の一一月に阪神マート（図4―19参照）は阪神百貨店と名称を変え、一九五七年四月には本体の電鉄から分離独立して「株式会社阪神百貨店」となる。目の前の阪急百貨店に対抗する気持ちもあり、売場面積も、既設部分の約一万七一三〇㎡から二万五一四八㎡に増え、一〇年後の一九六七年には三万四三六五㎡まで増加する。さらに一〇年後の一九七七年には四万五五〇六㎡となり、堂々たる大阪梅田の百貨店に成長するのである。

従業員は当初六二二名が阪神電鉄からの移籍により確保された。二〇年後には（自社採用により）約一九〇〇名にまで増加する。営業の方針は「素人なりに」事業を進めることとし、直営を三〇％として、残り七〇％を専門店への委託経営とした。委託経営により、着実に歩合収入を得る方が得策と考えたからである。一方で、販売の重要な部分は専門店に任せることとして、あわせてそのノウハウを吸収することを期待した。なんとも虫のいい、自己本位の話ではあるが、初期の手さぐり感がよく表れている。

図４-19　阪神マートの広告（1948年）

出所：『復興大阪ガイド』毎日新聞大阪本社、1948年、163頁。

三―二. 株式会社阪神百貨店の事業方向

当初事業の中心にいた南部知伸常務（後、社長）は阪急との違いを強調した。すなわち「阪急百貨店は、なるべく安い商品を売るという小林一三翁の考えを貫き、ターミナルデパートの定型を成すまでに至ったが、われわれがそれと全く同じことをやるのでは意味がない。バーゲンセール連続のターミナルデパートにはせず、呉服店出身の都心の百貨店とも〝ひと味違う百貨店〟にしよう」と述べた。

その結果、海外視察で見たライン・ロビング・システムを採り入れ、画期的な関連商品集約の売場を構成した。ここに英語の line は線、robber は泥棒である、lines Robbing とは「一線にとってくる」、つまり関連商品を一線上に集める意味である。例えば、二階を紳士物とし、洋服からネクタイ、ワイシャツ、靴まで集め、〝頭から足の先まで〟をキャッチフレーズに〝紳士の売場〟と名づけた[30]。

今日ではごく普通の売場構成であるが、南部が見出した「ライン・ロビング・システム」は当時としては画期的な手法であった。

ほかに、梅田駅地下二階プラットホームに面した軽食堂も特徴的だった。元は食料品を販売していたのだが、売上がパッとしないので百円均一の軽食堂にしたところ、当時大阪に単身赴任するビジネス客（大阪のチョンガー＝阪チョン）の増加もあり、手軽に食事がとれる所も少なかったので、朝八時から夜八時まで営業して非常に評判が良かった。南部は馬蹄形のカウンター方式をアドバイスして人件費の節約をはかった。

業界人の話によると、一般にスタンド方式の店（平均二〇席）で一日一席あたりの回転率は、一時間で二回転から三回転、阪神軽食堂は、驚くべきことに普通の店の三—四倍をこなした。四五五席（阪神）はいつも満員で、それがかえって人気を集めた。売り方も見事で、例えば寿司を白皿百円、赤皿五〇円均一とした。「おっ！これは安いな」と食べていくと、いつのまにか皿が山積みになって、結局適当な値段に落ち着いたという[31]。現在の回転すしを先取りした売り方だった。

三—三．労働組合の「胃袋パトロール」

食に関する関心は阪神百貨店労働組合でも高かったようで、少し時代は下るが一九六四年頃「胃袋パトロール」として大阪の阪急、大丸、高島屋の社員食堂を組合が実地調査している[32]。

それによると、まず「阪急百貨店の店員食堂の経営は会社が直接行っており、利益を無視して店員のためにサービスしています。ここが私たちの店（阪神百貨店—引用者）との大きな違いかもしれませんが、たとえば私たちが一ヶ月に食事代として払う金額（二五枚綴りで千円、すなわち一枚四〇円）にプラス会社が私たちにかわって払う金額、すなわち会社負担分の約一〇円イコール五〇円、委託店員の場合は約五六円が個人負担となりますが、この五六円で実際に食事をしてみた場合、阪急では米飯、きざみうどん、おかず、つけものなどで十分に腹がふくれるわけです。私たちの店食とは大きなちがいではありませんか。阪神の店食の食事で男子店員の腹が一杯になるのは年に一、二回でもあればよい方かもしれません。設備においても食堂の面積はほとんど同じですが厨房の面積は私たちの店食の方がずっと広いのです」。

ここから阪神の社員食堂は委託経営で、設備も価格も阪急と同じぐらいなのに腹がふくれないことがわかる。

次に大丸の場合は、阪神と同じ委託経営で価格も同じぐらいだが、業者の献立を検討する献立委員会があり、委員会の検討により一週間の献立が決定されるという。また副食の内容が気に食わない時はめしとうどんだけにすることもできる。（大丸の店員は外食を禁じられているのでそのための配慮がなされているのかもしれない）。

高島屋の場合は、委託業者と直営と二本立てになっており、副食の種類が豊富で少なくとも一〇種類はあり、それに丼物とめん類が加わるという。阪神の社員は「まことに結構なことです」と記している。ただし、価格は少し高く、めしと副食一つで四五〜六〇円である。

結論として、阪神の社員食堂の「味がまずいということは、運営がヘタだということ以外に考えられない」「業者が暴利をむさぼっているとは思いませんが、安いからまずいというのも困ります」「私たちは、一生懸命働きたいと思っています。そのためにも人間にとって一番大切なことの一つ、食べるということを解決してほしいのです」と結んでいる。

組合は食堂関係者に聞き取りもしており、献立の数については「現今の賄数が一日約一四〇〇食程度で少なく、種類を増やすのには冷蔵庫の収容能力も小さすぎます」、「また別に地下一階食料品売場の業者に売場を設け販売させる方法も考えられぬことはない」と回答を得ている。今の阪神デパ地下とどのようにつながるかは不明だが、デパ地下前史に加えたい話ではある。

三―四．業績推移（一九七一～二〇一七年）

ここで阪神百貨店の業績推移を見ておこう。図４―20は、阪神百貨店の各種商品別の売上高を一九七一～二〇一七年までの長期にわたって表したものである。これを見ると、阪神はもともと衣料品と食料品の割合が高かったことがわかる。一九七〇年代、八〇年代と衣料品が販売の主力であったことはどこの百貨店でも同じであるが、食料品については阪神の特徴と見てよいだろう。

その後九〇年代初頭のバブル期まで伸びていた衣料品が二〇〇〇年代にかけて急激に減少し、変わって食料品が首位になっていく。このあたりから阪神のデパ地下が有名になっていく。

図 4-20　阪神百貨店の商品別売上高の推移

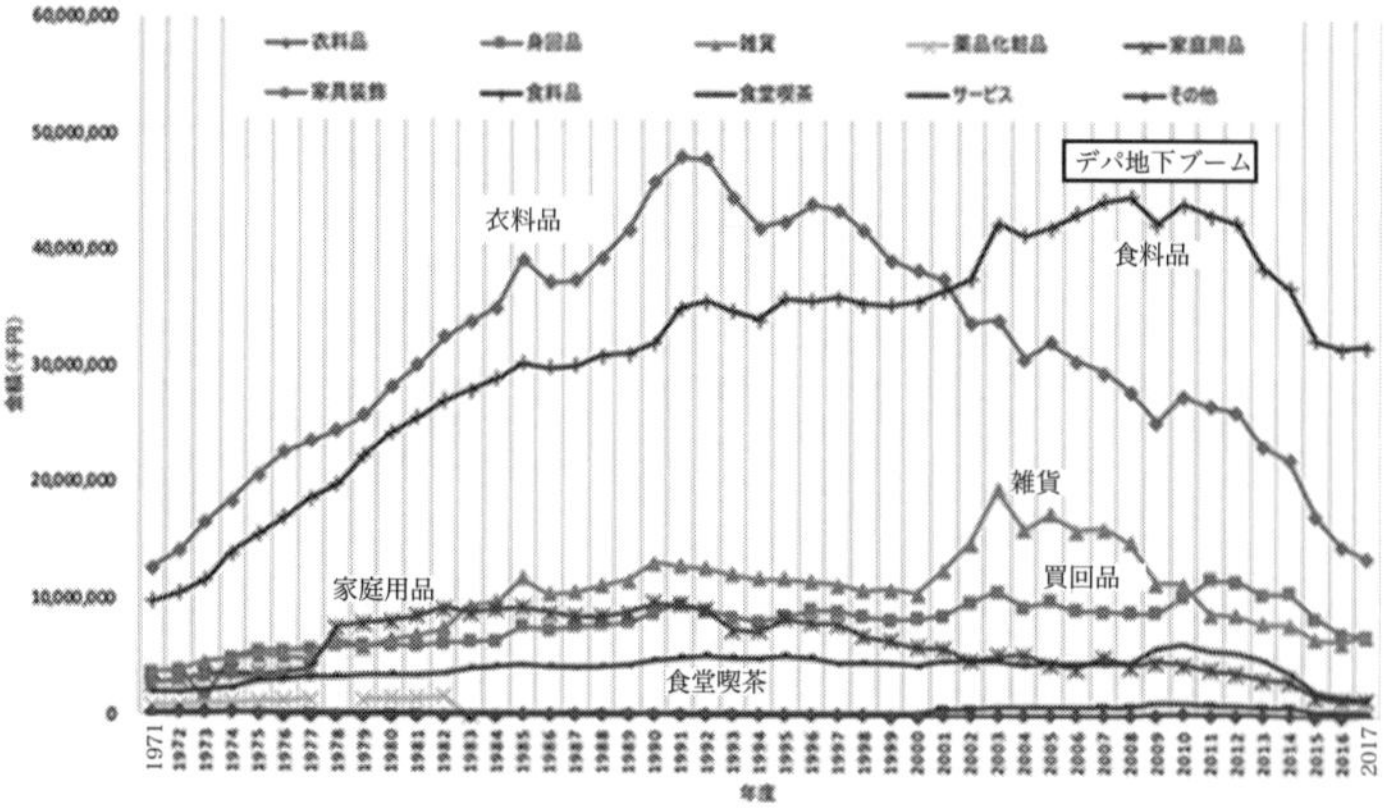

出所：『デパート調査年鑑』および『百貨店調査年鑑』、各年度版より作成。

例えば、名物イカ焼きである。一日平均一万二千枚、年間五億円の売上高になる。通信販売も行っており、大阪市内近郊では二〜三割に過ぎず、残りは全国へ配送するという人気ぶりである[33]。

阪神で起こった食料品割合の増大傾向を全国の百貨店で見てみると、これまで食料品の占める割合は二〇％であったのに、二〇〇二年には三四・四％にまで伸びている[34]。デパ地下に関する本・雑誌記事が増えてくるのもこの時期である。食料品重視は阪神だけの現象ではなかったのである。

図4―21は大阪の百貨店の「食料品だけ」の売上高を一九七一年から二〇一七年までグラフで表したものである。阪神以外の百貨店は複数店舗の合算となっているので注意が必要だが、おおよその傾向は読み取れる。すなわち、一九七〇年代か

図 4-21　大阪の百貨店別食料品売上高

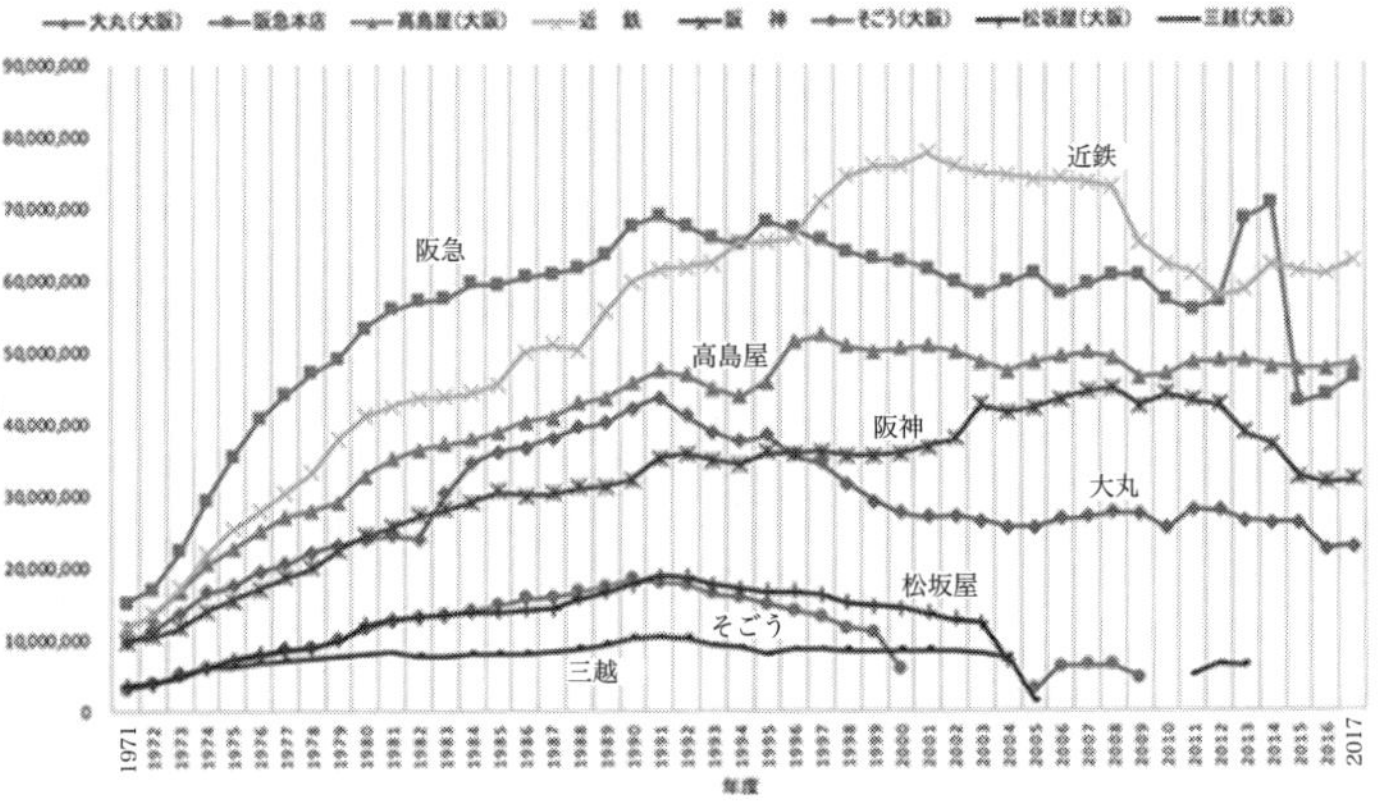

出所：『デパート調査年鑑』および『百貨店調査年鑑』、各年度版より作成。

ら九〇年代にかけて阪急の割合が最も大きかったが、九〇年代後半からは近鉄が首位になっていく（ただし、近鉄の場合は生駒・枚方支店等が増えて、二〇〇一年に全体の売上高がトップになるが、その時の商品別売上高内訳は、衣料品が三四%、食料品が二六・六%、雑貨が一五・四%、身回品が九・八%、家庭用品が七・八%で、販売の中心は衣料品であった。ちなみに阪急も衣料品が四〇・二%で販売の中心だった）。

次いで三番手に高島屋がつけており、阪神は九〇年代後半から大丸を抜いて四位に浮上している。

阪神の場合、ほぼ梅田店のみの売上高でこれだけの地位を築いているので確かに重みのある四位なのだが、それでも「デパ地下日本一」[35]といえるのかどうか疑問である。また、阪神は売上に占める食料品の割合が高いことを指摘する向きもあるが、図４―20で見た通り二〇〇〇年以降の衣料品売上高の大幅な落ち込みを考えると手放しで評価するわけにはいかない。

三―五．デパ地下調査（二〇〇二年）

『ランキングで見るデパ地下』（日経産業消費研究所、二〇〇二年、首都圏・近畿で一五三二人が回答）は、百貨店食品売場の「利用度」と「総合的な満足度」を掛け合わせて百貨店別の順位を決めている。首都圏第1位は西武百貨店（池袋）で、近畿圏第1位は阪神百貨店（梅田）であった。阪神の場合、2位の阪急（梅田）と合わせて二強を形成しているという。

ただし同じデパ地下でも両店には際立った違いがある。すなわち、質問事項の「高級感がある」では、阪神2・8ポイントに対して阪急28・1ポイントと一〇倍の開きがある。阪神は庶民的なのである。一方、「割安感がある」では、阪神27・1ポイントに対して阪急12・9ポイントとお買い得感が15ポイントほど高い。さらに「他店にない商品が充実」では阪神28・2ポイントに対して阪急18・7ポイントとこれも10ポイントほど高い。要するに、阪神百貨店は「高級感はないが安くて他店にない商品が充実している」と見られているのである。

こうして見ると、阪神「デパ地下日本一」説というのは、本来は高級感があるべき百貨店に「庶民性」「割安感」「他店にはない商品」を持ち込むことで「独特のイメージ」を生み出すことに成功した結果だと言えよう。

三―六．デパ地下と商店街（公設市場）の類似性

ところで、なぜこんなにもデパ地下が注目を集めるようになったのか。これをかつての商店街に求める漫画がある。魚戸おさむ（画）・北原雅紀（脚本）『玄米先生の弁当箱』（第二巻、小学館、二〇〇八年）は、食の文化史を教える教員を主人公にした物語だが、デパ地下を次のように描いている。

（デパ地下の惣菜売場でコロッケを見ながら若い頃を思い出す初老の学部長―引用者、以下同じ）
店員「あらご主人さんこのコロッケが何か……」
学部長「あ、いや……。昔ながらの味はやはりいいもんですな。ははは‥」
店員「じゃあ、ご家族にもいかがです？」
学部長「え、ええ、じゃあ五個ほど‥」
店員「ありがとうございます。四五〇円になります。」
（以下、学部長の独白が続く）

「一個九〇円‥ずいぶん安いじゃないか‥こんなふうに‥店の人と対話して買い物をするのは久し振りだな‥」

「スーパーやコンビニでは会話することがないし‥それに懐かしいのはコロッケの味だけじゃない‥この人ごみ‥狭い通路で人と人がすれ違う煩わしさもなんだか懐かしい‥」

「そうだ、この感覚は‥」

「この感覚は‥」

「昭和だ‥！！」

「ここには懐かしい昭和の商店街の面影がある‥‥」

「こんな所に‥こんな都会のまん中に昭和があったのか‥‥」（同書、八二―八八頁）。

デパ地下で初老の学部長は、昭和の商店街を思い出している。そこでは、単に昔のコロッケがあるだけでなく、混雑した中で店員と会話しながら買い物をする体験が決定的な意味を持っているのだ。

「混雑」と「会話」が実は単なる買物を越えた「体験の場」になっており、人間同士のコミュニケーションを育む場になっていたことに改めて気づくのである。デパ地下に歴史を感じる瞬間である[36]。

肉・魚・野菜といった生鮮食品を中心にした小売市場《いちば》であれば、さらにその思いは強くなったことだろう。実のところ、大阪は米騒動の年（一九一八年）に全国に先がけて小売市場が生まれた街である[37]。しかも戦後一九八〇年頃までは大阪市内に公設市場が約四〇、私設（民営）市場も含めると約三〇〇もあったのである[38]。

それが九〇年代に入って急速に衰退して、スーパーマーケットやコンビニエンスストアにとって代わられるようになるのである。大阪の場合、二〇〇〇年以降のデパ地下のブームの陰には小売市場の衰退があったことを忘れてはならない。

むすびにかえて

図4—22は阪神梅田駅地下一階の乗り場である。表示に（百貨店口）と書いてあり、地下一階から阪神百貨店へ入るお客が多いことを示している。実際、客の八割が地下街とつながる地下の食品売場から入るという（『朝日新聞』二〇〇三年八月三〇日付、夕刊）。思えば、阪神デパ地下は戦前阪神梅田駅が地下駅になったときから運命づけられていたようにも見えるのである。

図 4-22　阪神地下改札（百貨店）

出所：2019 年 4 月 13 日、筆者撮影。

注

1 『日経ＭＪ』二〇一八年四月一六日付、一三頁。
2 『日本経済新聞』二〇一八年八月二四日付、地方経済面。
3 『日本経済新聞』二〇一八年六月二日付、地方経済面。
4 『再成長に向けて―阪神百貨店３０年史』（以下、『３０年史』と略す）同社、一九八八年、一二頁。
5 福西清「配電事業への郷愁」『輸送奉仕の五十年』阪神電気鉄道、一九五五年、一一四頁。
6 同前。
7 谷内正往『戦前大阪の鉄道とデパート』東方出版、二〇一四年、五三頁。
8 同前。
9 同前、一五六頁。
10 「大阪に於ける郊外電鐵経営のマーケット巡礼記」『実業之日本』第三五巻第一九号、一九二八年一〇月。
11 同前。
12 清水正巳「かくして優秀なる外交販売係は出来上がつた」清水正巳編輯『商賣』第四巻第六号、商店経営研究所、一九三八年六月、筆者所蔵。

13 前掲「配電事業への郷愁」。

14 この点については、渡哲郎「戦前における電鉄企業の電力供給事業—阪神電鉄を中心に—」（宇田正・畠山秀樹編著『日本鉄道史像の多面的考察』日本経済評論社、二〇一三年）が詳しい。近年の成果として嶋理人『戦前期日本の民間社会資本事業—電鉄事業者の兼営電気供給事業に着目して—』（博士学位論文、東京大学、二〇一六年三月）がある。

15 この節、前掲『戦前大阪の鉄道とデパート』第六章「戦前阪神の百貨店構想」による。

16 「名士座談　阪神電気鉄道会社社長　島徳蔵氏」『株主協会時報』第七巻第四号、一九二九年二月二〇日、四四頁。

17 『阪神電気鉄道百年史』同社、二〇〇五年。

18 『大阪朝日新聞』一九三七年六月二六日付、第一五面。

19 同、一九三八年二月二五日付、第一五面。

20 同、三月二三日付、第一一面。

21 同、一九三八年五月二〇日付、夕刊第二面。

22 谷内正往『戦前大阪の鉄道駅小売事業』五絃舎、二〇一七年、二二一—二三頁。

23 この節、『30年史』、『阪神電気鉄道百年史』同社、二〇〇五年、谷内正往「大阪の鉄道と地下街」井田泰人編著『鉄道と商業』晃洋書房、二〇一九年四月、による。

24 『朝日新聞』二〇一五年七月九日付、大阪夕刊、第一一面。

25 前掲『戦前大阪の鉄道とデパート』七一—八〇頁。

26 松田慎三『デパートメントストア』日本評論社、一九三一年、九四頁。

27 現代のデパ地下については、加園幸男・剣持佳苗『デパ地下仕掛け人』光文社新書、二〇〇二年、一八六—一八九頁参照。

28 大阪新聞報道部編『華麗なる戦い―デパート商戦の内幕』住宅新報社、一九七六年、二六七頁。
29 林芙実子『めし』朝日新聞社、一九五一年、二頁。
30 前掲『30年史』。
31 前掲『華麗なる戦い』二六九頁。
32 『10年のあゆみ』阪神百貨店労働組合、一九六七年。
33 『2020AIM Business Design』第二三八号、二〇〇四年五月、二六頁。
34 前掲『デパ地下仕掛人』。
35 巽尚之『日本一の「デパ地下」を作った男』集英社インターナショナル、二〇一八年。
36 ただし、現在のデパ地下コロッケは相当に手の込んだ商品であって、昔の商店街のコロッケとは全く別物である。
37 大阪の小売市場については、大阪市公設市場七〇年史編纂委員会『大阪市公設市場七〇年史』(大阪市公設市場連合会、一九八九年)、廣田誠「戦前期のわが国における日用品小売市場の形成と展開」(原田政美編著『日本とアジアの市場の歴史』清文堂、二〇一二年)等を参照。
38 一九七六年三〇〇市場・七九四六店舗、一九九四年二〇六市場・三四四五店舗(『大阪の経済1998』大阪市、一九九八年、四一頁)。

コラム【4】一九五五年の大阪駅前・繊維街

阪神が百貨店を別会社で創立しようとしていた数年前の大阪駅周辺は図のようであった。駅前には阪急、阪神のターミナルビルがそびえているのだが、雑誌『旅』(一九五五年二月)の「東西ターミナル繁盛記(五六―六〇頁)」によると、阪急ビルの東側(現、東通り)はパチンコやアル・サロ(アルバイト・サロン）の夜の街であって、扇町公園までに温泉マークのホテルが六〇軒もあるという。

一方、阪神ビルの裏側はハト街という娼婦の街と、繊維街が存在感を示していた。繊維街は戦後の闇市があった場所で、今では「間口一間位から三間位までの小さな繊維品を扱う店が何百軒となくゴチャゴチャと並んでいる」「初めて見る人はびっくりするだろう」という。「Ｙシャツ専門店やジャンパー専門、毛布専門の小さな問屋が集まり、今ではその数およそ六百店、『大阪駅前の繊維街』と言えば、全国的に有名な所になってしまった。西日本一帯から東海地方にかけての、ほとんどの中小都市の業者が仕入れにやってくる。・・・・取引はすべて現金主義だと言うので、地方から仕入れにやってくる商人達は、みんなフトコロを、千円札の束でふくらませている。そこで、この札束を狙う職業？の人間が、ここに寄生している」のだ。

寄生の一つは「スリ、置き引き連中」で、もう一つは阪神裏の「ハトの巣（ハト街）」である。ハト街には、小さな飲み屋が三〇軒ほどある。「店の土間には、汚い食卓が一つか二つそれにガタガタの椅子が五、六脚。なるほど表面は飲み屋に違いない。ここに若い女が五、六人ぐらいずつ居て、細い階段を上った二階が、ほんものの職場？となっている」。

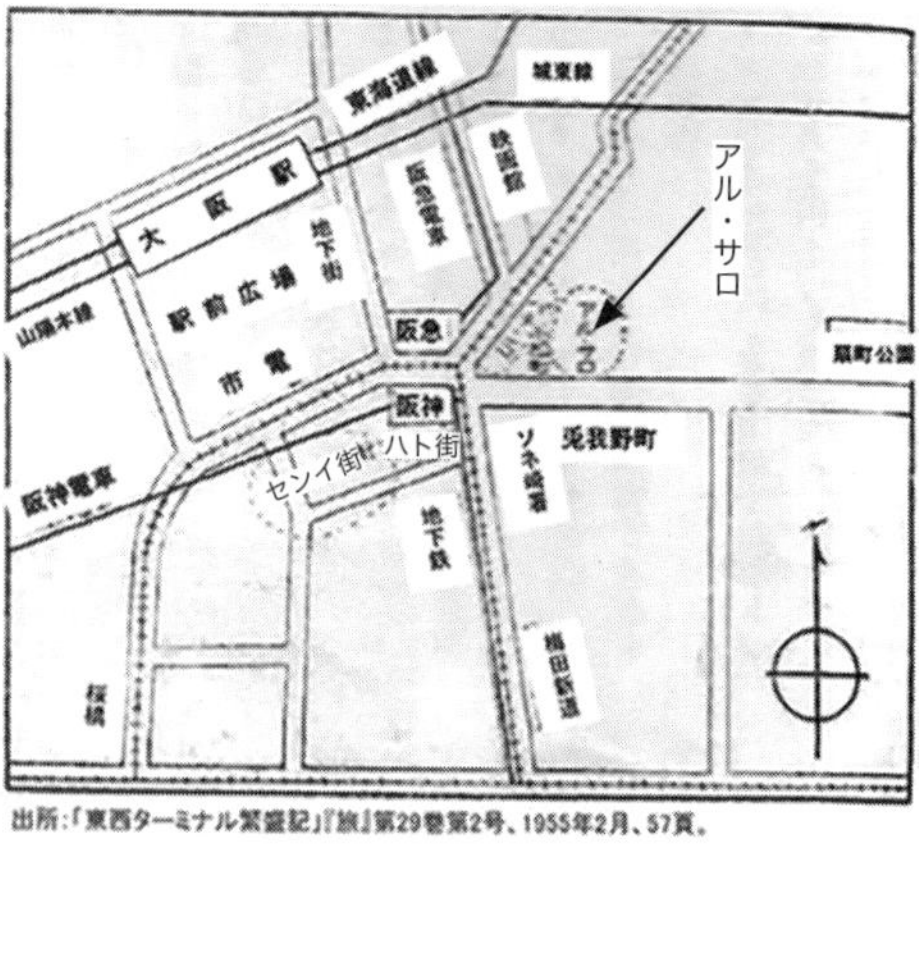

出所：「東西ターミナル繁盛記」『旅』第29巻第2号、1955年2月、57頁。

「うっかり飛び込んだが最後、この二階へ引きづり上げられるか、一本二千円もするビールを無理やり飲まされるか、そのどちらかを選ばなければ絶対帰れないというまことに恐ろしいところ」だという。東側向かいには曾根崎警察署があるにも関わらず、である。

ここからは、まだ都市計画の中で問屋街の整備・移転に手をつけることができず、そもそもまず駅前の交通渋滞に手を焼いている時期であったことが推察されるのである。現在のクリアランスされた大阪駅の姿とはかなり違っており、どちらかというと猥雑で欲望渦巻く成長都市のイメージを感じるのである。

第5章　鉄道と商業——七〇年大阪万博を中心として

はじめに

本章では、鉄道と万博の関係を取り上げたい。万博は、万国博覧会の略で、国際博覧会とも呼ばれる。複数の国が参加して、様々な物品を集めて展示するイベントである。その目的は国威発揚と人類の発展である。古くは一八五一年のイギリスに始まり、日本では明治期の勧業博覧会にまでさかのぼる[1]。

特に、戦後一九七〇年三月一四日から九月一三日まで約半年間開催された大阪万博は一九六四年の東京オリンピックに次ぐ、ビッグイベントであった。当初の予想入場者は約四〇〇〇万人であったが、実際は六四二一万八七七〇人（うち外国人一七〇万三〇〇〇人）にのぼった。後に続く万博は二〇〇〇万人台[2]で、大阪万博の記録が最大である。

万博は、国をあげて新商品が展示される場であり、流行発信の場でもある。商業にも大きな影響を与える。そこで、まずは万博の歴史を一瞥し、七〇年大阪万博を中心として、万博施設建設前の周辺(千里ニュータウン)の動向と交通インフラの整備について検討していきたい。七〇年大阪万博はその周りに新興住宅地である千里ニュータウンが建設されており、ニュータウンの商業についても触れてみたい。

一．七〇年大阪万博[3]の鉄道整備

図5-1　2025年大阪万博予定地(夢州)

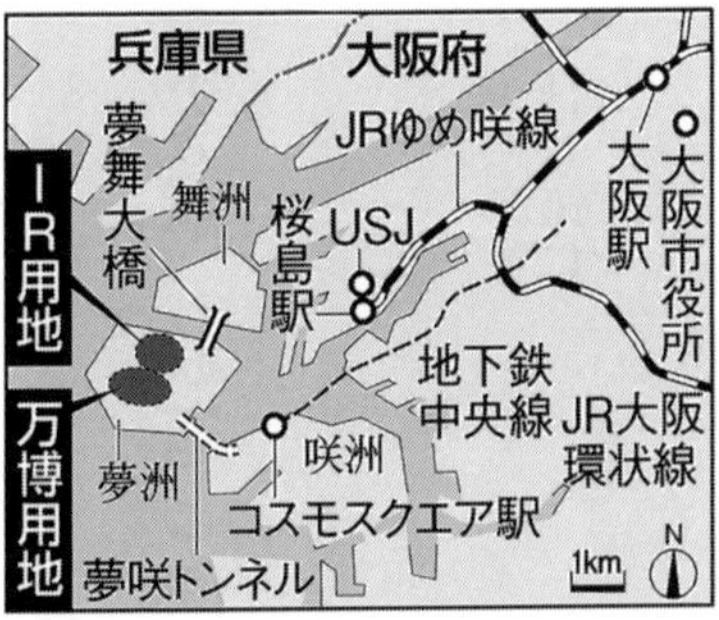

出所：『朝日新聞』2017年2月8日付、第31面。(朝日新聞提供)

一－一．二〇二五年大阪万博

二〇二五年大阪万博の開催が決まった。新聞報道によると、テーマは「人類の健康・長寿への挑戦」、場所は大阪南港の舞洲で会場面積が約一〇〇ha(図5—1参照)、入場者数は三〇〇〇万人を想定し、建設費は一、二〇〇億円～一、三〇〇億円、関連事業費が七〇〇億円超である。[4] 七〇年大阪万博の高度経済成長期のテーマ「人類の進歩と調和」とは異なり、

成熟時代にふさわしいテーマになっている。将来の大阪万博を考察するためにも、七〇年大阪万博を改めて振り返る意義があると考える。

一―二．七〇年大阪万博に向けた鉄道網[5]と商業施設

図 5-2　万博会場と交通アクセス図

出所：佐野尚「北大阪急行電鉄（万博急行）建設計画について」『鉄道ピクトリアル』第 204 号、1967 年 12 月、62 頁。（転載許諾済み）

万博開催にあたって、交通手段の中心に「鉄道」が置かれ、新線の敷設（後述する北大阪急行）が決定された。そこで、鉄道路線（新線）の動向を確認しておきたい。

第一に阪急電車の千里山―北千里間の千里線（一九六七年三月開通）である（図５―２参照）。当初、大阪府案では千里山線の路線を

予定より東に移し、千里万博会場に近くなる点を重視していた。一方、阪急案ではそれより西側を通り抜け、既設の阪急箕面線の桜井駅に接続し、宝塚線の支線へのアクセスを考えていた（図5―2の上部中央点線部分、阪急既免許線）。結局、大阪府案が優先することになった。

さらに、万博期間中の臨時駅として（千里山線と中央環状線が交差する辺りに）「万博西口駅（現、山田駅より少し北）」が建設された。同駅には万国博西ゲートとをむすぶ連絡歩道橋（二一〇メートルの長さ）が設置された。

第二に、江坂から千里ニュータウンに向かう北大阪急行電鉄が建設された。この線は、万博会場への観客輸送の中心と位置づけられた。同社は、一九六七年一二月設立、一九七〇年二月開業した。当初は、大阪府が阪急に新線開業を要請したのだが、万博半年のイベントでは採算が合わないため、阪急は難色を示した。結局、第三セクター的な手法で、会社の出資比率、阪急が五〇%、大阪府二五%、関西電力五%、大阪ガス・三和銀行・住友銀行・大和銀行・さくら銀行がそれぞれ四%で会社設立・開業となった。

万博開催中、車両は「万国博急行」とアナウンスし「エキスポ・エクスプレス」と呼ばれた。新大阪駅―万国博覧会中央駅は一七分、梅田―中央駅間は二四分と便利だった。八両編成で、二分三〇秒間隔の高密度輸送であったが、それでも大量の乗客を乗せたので「すし詰め」状態であった。一九七〇年六月にはのべ三千万人、八月には五千万人を突破。最終月の九月五日は入場者数が八〇万人（最高記録）となった。[6] 万博開催中、北大阪急行の輸送分担率は約四割であった。[7]

商業的な成果を確認しておくと、約半年間で博覧会会場の食堂・売店の売上高が約五二五億円で、うち食堂が約二三六億円、売店が約二一九億円であった。[8] 当時大阪梅田でカレーライスが一二〇円のところ、万博会場では五〇〇円で高額だと批判もあった。一方で、ＵＣＣの缶コーヒー、ケンタッキー・フライドチキン、ミスタードーナツが登場するなど新商品、ファーストフード店のＰＲの場となった。[9]

二．北大阪急行電鉄の経営

鉄道事業は「設備投資」が大きく、専門技術者も抱えるため「労働集約的」な事業でもある。そこで事業の成否は、大量の輸送需要を確保できるかどうかにかかっている。また、鉄道敷設によって沿線の地価が上昇したり、新たな産業や消費が喚起されることによる利益（「外部効果」）の有無も関係してくる。[10]

前節で見た通り、北大阪急行電鉄は七〇年大阪万博開催期間（半年間）の大量需要をまかなうために建設されたのだが、その後の採算については未知数だった。そのため阪急電鉄は別会社方式（第三セクター方式）で建設することにした。

表5―1は、同社の乗降客数と旅客収入の経緯である。乗降客数を見ると、一九七〇年は約五五四〇万人と多かったものの、七五年は約三一六三万人と減少している。八五年から増加に転じて、九五年がピークで約六七五九万人となっている。以後漸減を続け、二〇一五年には少し持ち直して約五八八七万人となっている。定期、定期外の区分で見ると、一九七〇年以外は定期客が多いことがわかる。

旅客収入を見ると、八〇年代二回の値上げにより、九〇年以降は合計額が約四五～五六億円と増加傾向にある。また、定期、定期外の区分で見ると、定期外の収入が定期に比べて九〇年約四億円、九五年約八億円多く、二〇一五年に至っては約一〇億円多くなっている。雑収入では、八五年以降沿線の緑地公園駅の宅地分譲を始めた影響もあり、約二～三億円となっている。

ここから、万博以降一時的に乗降客数は落ち込んだが、八五年以降盛り返し、電車賃値上げもあり旅客収入も増加した。本業を中心に業績は伸びているが、八五年以降の沿線宅地開発も本業に寄与していると思われる（定期客が八〇年から九〇年までに約一二〇〇万人増加）。

次に、図5―3から収支を見ておくと、一九七〇年は黒字で法人税等を約二億円支払っているが、その後は七四年まで赤字で、七八年から法人税等（二～三億円）の支払いが始まっている。ただし、借入金の返済は一九八〇年以降も続いていたという[11]。結局、この時期の新線開発は「ウマ味はないがある程度有利な事業」であったといえる[12]。

表5-1　北大阪急行電鉄の乗降客と旅客収入

年度	乗降客数（千人）			旅客収入（千円）				
	定期	定期外	計	定期	定期外	計	雑収入	合計
1970	10,638	44,763	55,401	337,032	2,829,071	3,166,103	110,235	3,276,338
1975	19,242	12,389	31,631	1,080,063	1,198,401	2,278,464	136,253	2,414,717
1980	26,485	19,195	45,680	949,306	1,197,713	2,147,019	150,409	2,297,428
1985	34,094	23,058	57,152	1,184,873	1,421,690	2,606,563	215,838	2,822,401
1990	38,423	25,907	64,330	1,931,623	2,347,303	4,278,926	301,701	4,580,627
1995	38,560	29,038	67,598	2,236,193	3,086,796	5,322,989	346,179	5,669,168
2000	33,820	26,717	60,537	1,975,823	2,793,861	4,769,684	338,259	5,107,943
2005	31,667	24,611	56,278	1,848,772	2,589,784	4,438,556	380,232	4,818,788
2010	28,622	26,132	54,754	1,657,818	2,664,546	4,322,364	321,070	4,643,434
2015	30,990	27,885	58,875	1,806,974	2,808,365	4,615,339	359,642	4,974,981

備考：1970年は万博の年、運賃1区1970年30円、1974年5月40円、1986年50円、1988年60円に値上げ。
2019年8月現在100円。

出所：『鉄道統計年報』各年度版より作成。

図 5-3　北大阪急行の収支（単位：円）

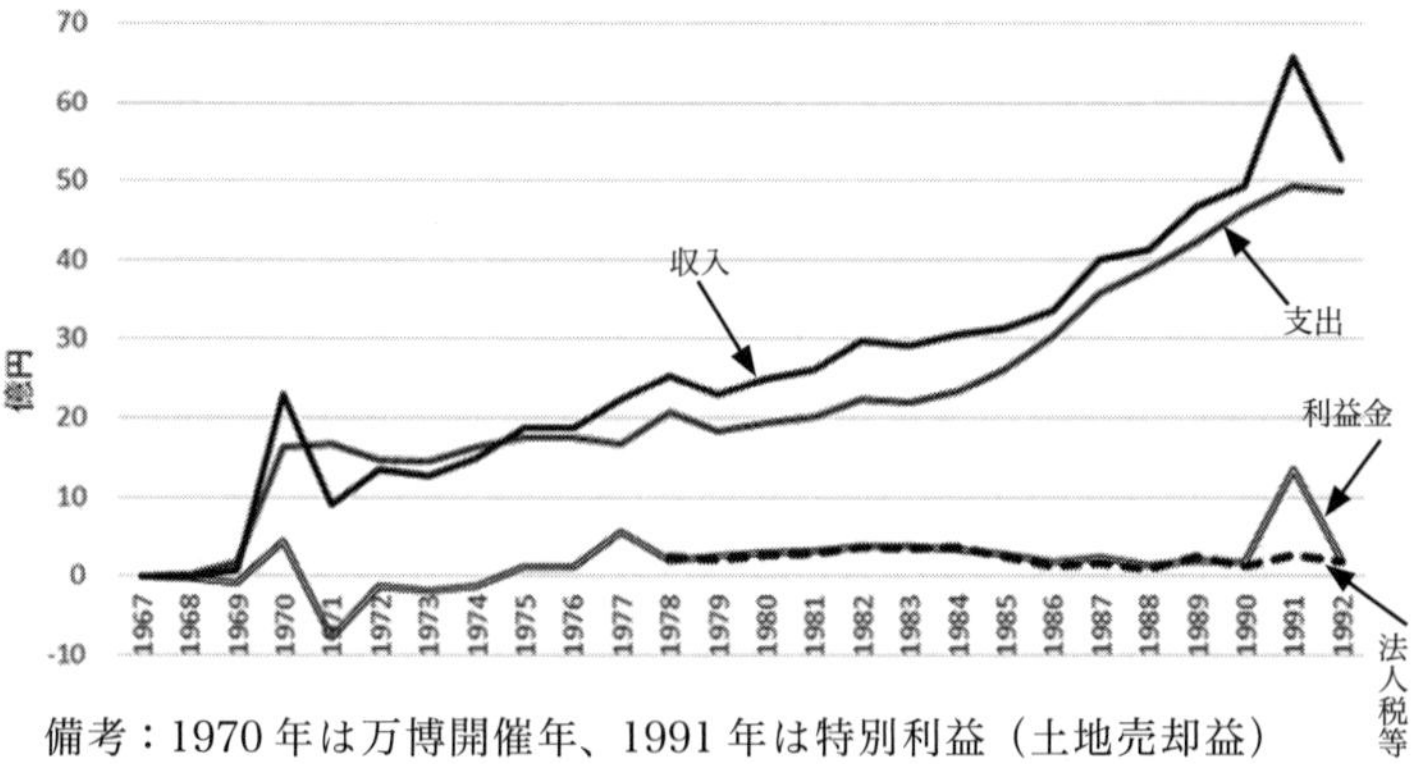

備考：1970 年は万博開催年、1991 年は特別利益（土地売却益）を含む。
出所：『北大阪急行 25 年史』同社、1994 年、187 頁より作成。

これを街づくりの観点から見ると「鉄道や駅ができることによって、駅周辺の地域が変化した」というよりは、「地域開発計画の中に鉄道や駅の建設計画を組み込む」方式で新線は建設されるのが一般的である。つまり「最初に鉄道ありきではない」、むしろ地域開発が前提にあってそこに鉄道新線が建設されるという構図になる。鉄道はあくまで「従」の役割だが、新線を引く場合には（戦前の田園都市線などに見られる通り）私鉄デベロッパーの宅地開発利益が前提になければならない[13]。

北大阪急行電鉄の場合、大阪万博の旅客輸送の約四割を担う中心交通手段であった[14]が、それ以外に次節で考察する千里ニュータウンの輸送にも貢献すべく建設されていた。

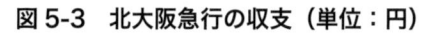

三．千里ニュータウンと商業

三―一．千里ニュータウンの建設経緯[15]

戦後一〇年経過した一九五五年の大阪府住宅調査によると、府下の住宅戸数は約九一万戸で一七六七四八戸が不足していた。そのうち、高家賃、遠距離通勤、結婚願望、親族との同居などの二次的理由による住戸不足者の数は、府下世帯の約二〇％で約二〇万世帯に上っていた。

そこで、大阪府は大阪市内の中心地から約一五キロ、国鉄・阪急沿線に近く、将来的には名神高速、中央環状線、さらには地下鉄御堂筋線の延伸計画等により立地条件の良い、千里地区にニュータウンの建設を決定した（図５―４の上新田を除く各地区参照）。一九六二年九月初めて佐竹台の府営住宅一〇一〇戸（ニュータウン全体の三〇分の一）を募集したところ、申し込みは予想以上に低率で、やむを得ず補欠当選者の全員を入居させることにした。当初は付近に何もない「千里砂漠」と呼ばれ入居者は思うように集まらなかった。しかし、一九六九年の完成時には、三七三三〇戸（公営住宅、公社住宅、公団住宅、給与住宅の集合住宅は三一三一二戸、分譲住宅が六〇一八戸）が建ち、ピーク時は約一三万人が居住した（想定は約一五万人）。

三―二'ニュータウンの小売商業[16]

図5―4は千里ニュータウンの商業施設配置図である。上新田（旧市街）を除く地域で構成されている。図の「〜台」「〜町」という近隣センターが三〜五つ集まって、北・中央・南地区センターが構成されている。地区センターには鉄道駅が配置されており、例えば北地区センターには阪急千里駅が、中央地区センターには北大阪急行千里中央駅が、さらに南地区センターには阪急南千里駅がある。地区センターでは近隣センターでは買えない専門商品等が品揃えされている。またレジャー関連施設もある。非常に計画的な商業施設の配置なのだが、実は問題もあった。一例として一九七三年石油ショックを背景にした物価問題への対応である。ニュータウンの小売商業問題を端的に示していると思うからである。

図 5-4　千里ニュータウン商業施設配置図

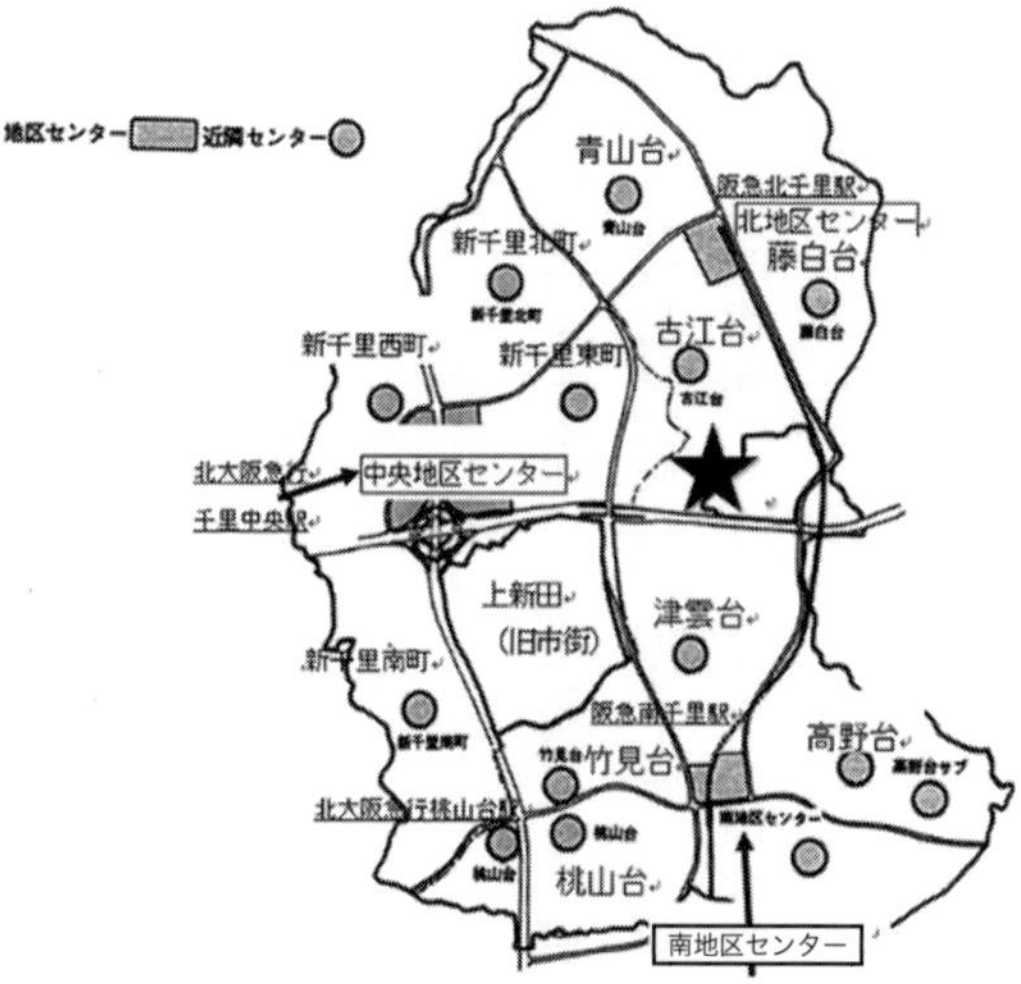

出所：豊中市史編さん委員会編『新修豊中市史』第８巻（社会経済）、豊中市、2005 年を元に作成。★印は万博跡地。

第一に、千里ニュータウンの物価が高いという問題である。一九七四年（ニュータウンが市内に含まれる）豊中市では神戸大学田村正紀氏の指導の下に、物価調査・公表を行った。千里地区一〇施設（豊中市全体で六二施設）で、月二回、三〇品目の食料品価格を調査して市内平均を一〇〇として公表した。当初は千里地区が最高値だったが一九七七年ダイエー進出により、市内平均よりニュータウンの物価が安くなった。

第二に、露店問題である。一九七〇年一〇月、魚屋や豆腐など小型トラックでニュータウンに売りにくる業者が約三〇店あった。

地区業者は「露店は家賃も税金もタダだから安いはず。こっちは鉄筋の店だから償却も大変」と不平を述べた。これに対して、大阪府企業局幹部は「露店が安いというのなら近隣センターがもっと値段とサービス精神を勉強すべき」と述べ、主婦は「安いし、産地直送が多いから新鮮。スーパーみたいにビニール包みでないところがいい。それに露店だとおっちゃんとお客との間に会話がある。これは大切なこと」と露店を支持したのである。

ある主婦の家計簿における一カ月の食料品の購入割合を見ると、近隣センター四五％、露店三〇％、地区センター二〇％、吹田旧市内五％とあり、露店が少なからずニュータウンで支持されていることがわかる。

その他、曽根駅ダイエーの無料買物バス問題（一九七二年、曽根駅―千里ニュータウン間に運行）が起こったり、空き店舗問題（一九七四年桃山台と高野台）が起こったりした。空き店舗については、ニュータウンの商業施設は行政の「一業種一店舗方式」が壁となって、同業の小売店を複数誘致できず、一方で空き店舗のままでは商業集積の魅力に欠けてしまい、ますます衰退していくこととなった。[17]

むすびにかえて

七〇年大阪万博は、大阪の国際的地位向上、産業振興、インフラ整備（道路・鉄道など）に貢献した。[18]特にインフラ整備は、道路だけでなく大阪市内の地下鉄や私鉄で進み、結果として都心の百貨店大型化・地下街の開発（例えば、梅田地下街の拡張、阪急三番街、ナンバ虹のまち）に加えて、郊外への大型スーパー出店に貢献した。[19]

万博および千里ニュータウンのために敷設された新線（御堂筋線の延長である北大阪急行）は、戦前と比較して開発者利益の獲得が難しくなった事例であった。また、万博の商業施設は期間あたりの収入は大きなものだが、一過性のものであった。さらに千里ニュータウンの駅前中心の商業施設は計画的配置の側面が強すぎで、商業のダイナミズム（競争）が生かされていなかった。

その後の経過を簡単に見ておくと、七〇年代以降、千里ニュータウン内の（土地利用）規制を避けて、いわゆるロードサイド店が周辺の幹線道路沿いや土地区画整理地区に急速に増加した。ファミリーレストラン、紳士服、カー用品、家電、スポーツ用品、釣具、靴、書籍等の物販や、ビデオ・ＣＤの練毛、カラオケ等のサービス業など多岐にわたる店舗であった。その多くが大量仕入れ・大量販売によるローコストを武器にしたチェーン店であった[20]。

（付記）

二〇一五年一一月万博跡地には三井不動産系列の大型商業施設「エキスポシティ」が開業している。「ショッピングとエンターテイメントの融合」をテーマに、店舗面積は約八八〇〇〇㎡（約三一〇店舗）、他に動物園、海族館、美術館等を併設し（延面積約二二万㎡）、約五割が非物販であるという（非物販の売上高は全体の約二割）。初年度の来場者が二四〇〇万人で、二〇一六年度売上高は五三七億円であった（同社ＨＰ http://www.expocity-mf.com/ および三井不動産ＨＰ、ニュースリリースほか）。かつての万博の来場者（約六四〇〇万人）、食堂・売店の売上高（半年で約五二五億円）には及ばないものの健闘している。

注

1　宮本又次「万国博覧会の歴史―内国勧業博覧会の歴史―」『都市問題研究』第一七九号、一九六五年一一月。
2　沖縄海洋博（一九七五年、沖縄）が三四九万人、国際科学技術博（一九八五年、筑波）が二〇三三万人、国際花と緑博（一九九〇年、大阪）が二三一二万人、愛知万博（二〇〇五年、愛知）が二二〇五万人（福間良明・難波功士・谷本奈穂編著『博覧会の世紀』梓出版社、二〇〇九年）。

3　万博の研究には三つの方向がある。第一に「国家間の技術競争」、第二に「消費と娯楽」（勧業、観覧車、動く歩道）、第三に「帝国の支配を正当化する文化装置、ディスプレイ」である。万博には、歴史学のみならず、社会学、美術、建築、文学、思想など様々な研究分野、開催国参加国問わず、様々な国で研究蓄積があるという（伊藤真実子『明治日本と万国博覧会』吉川弘文館、二〇〇八年）。最近の研究で山路勝彦『大阪、賑わいの日々―二つの万国博覧会の解剖学』（関西学院大学出版会、二〇一四年）は、「高度成長と万博」という観点から、万博の携帯電話展示の先見性、伝説昔話の光と音による現代化、万博を舞台にした小説の出版に関心を寄せている。

4　『朝日新聞』二〇一七年二月八日付、第三一面。

5　この節特にことわらない限り、作道洋太郎「千里ニュータウンの建設と鉄道企業」（『大阪春秋』第九六号、大阪春秋社、一九九九年九月）による。

6　その他の新線として、一九八〇代以降、中央環状線道路沿いに「横の新線」が敷設される。大阪空港―千里中央―万博公園―門真市を結ぶ大阪高速鉄道（大阪モノレール）である。同社は一九八〇年一二月設立（大阪府の出資比率五二％）され、一九八二年三月大阪国際空港―南茨木間の特許取得、同年工事着手、一九九〇年六月千里中央―南茨木間、一九九四年九月柴原―千里中央間、一九九七年四月に大阪空港―柴原間、同年八月南茨木―門真間が順次開業した（山田駅、蛍池駅、南茨木駅で阪急線と連絡、千里中央駅で北大阪急行と連絡、京阪門真駅で地下鉄谷町線大日駅と連絡、大阪国際空港とも連絡）。

7　赤坂義浩「ニュータウンアクセス交通の整備過程とリスク負担―大阪府千里ニュータウンを事例に―」『同志社商学』第五六巻第五・六号、二〇〇五年六月、一一三頁。

8　『日本万国博覧会公式記録』第二巻、日本万国博覧会記念協会、一九七二年、三三九頁。この時期の大阪の商業施設については「大阪の商業施設見学コース―万国博にわく商都大阪―」『商店界』一九七〇年五月号を参照。

9　大阪大学21世紀懐徳堂編『なつかしき未来「大阪万博」』創元社、二〇一二年。

10　外部効果については、さしあたり「鉄道の地域に与える影響—鉄道の外部効果を考える（第三五回鉄道史学会大会共通論題）」『鉄道史学』第三六号、二〇一八年九月を参照。

11　前掲、赤坂論文。

12　同前。

13　青木栄一「街づくりと鉄道」『鉄道ピクトリアル』第六二五号、鉄道図書刊行会、一九九六年八月。他に土地整理組合による開発や大規模な住宅地（二〇～三〇万人）になってくると日本住宅公団や地方自治体がイニシアチブをとることが多い（同前）。

14　前掲、赤坂論文、一一三頁。

15　中牧弘允「中空構造で解く千里ニュータウンと大阪万博」（佐野真由子編著『万国博覧会と人間の歴史』思文閣出版、二〇一五年）。千里ニュータウンについては『千里ニュータウンの建設』（大阪府、一九七〇年）が詳しい。

16　この節、豊中市史編さん委員会編『新修豊中市史』第八巻（社会経済）、豊中市、二〇〇五年による。

17　千里ニュータウンについての一次資料として『ニュータウン』二五～三二四号（昭和四一～五四年）ニュータウン新聞社、『千里タイムズ』一～二三七号（自昭和三七年六月至昭和四四年一二月）、『千里』一～八四号（自昭和三九年一二月至昭和四六年一一月）等がある（吹田市立図書館所蔵）。一部は吹田市立博物館でも閲覧できる。ところで、この分野の研究では、都市住宅学会の特集「鉄道会社と沿線まちづくりの課題と将来」（『都市住宅学』第九七号、二〇一七年四月）、『運輸と経済』第七十九巻第三号（特集・日本の「田園都市」創生から100年）、二〇一九年三月、などが参考になる。

18　『大阪商工会議所百年史（本編）』同所、一九七九年、八四七—八四八頁。反対に、物価上昇、消費の落ち込み、不況などがあり、必ずしも良い面だけではなかったと評価されている（同前）。

19　前掲『戦前大阪の鉄道駅小売事業』第六章。

20　狭間恵美子「千里・箕面―地元志向とともに広がる郊外型盛り場」サントリー不易流行研究所編『変わる盛り場―「私」つくり遊ぶ街』学芸出版社、一九九九年、一二八―一二九頁。

コラム【5】千里ニュータウンのマーケット値段表（一九六五年）

第5章において、千里ニュータウンの物価高について触れたのであるが、地元の『千里山タイムス』（一九六五年六月一三日付、第二面）が主婦の行った小売店物価調査を掲載している。表は一九六五年六月六日午後二～四時に調査された各店の商品と価格の一覧表である。

記事によると「同じ日の同じ時刻に、しかも同じニュータウンの中にありながら、これだけの違いがあることにびっくりさせられました。たとえば、キューピーマヨネーズ（四五〇ccびん入り）ですと最低百円から最高一三〇円と三〇円の違いがあることがわかりました。また各マーケットとも価格が一定しているものは、食パン、こんにゃく、バター、ぐらいなもので、ほとんどの商品にマーケット間の価格差が目立ち、とくに生鮮食料品にこの傾向が強いようです」とある。わずか一〇円二〇円の価格差であっても、主婦が多品種を毎日継続して購入することを思えば、かなりの差になることは明白であろう。

調査した主婦によると各商店が商品ごとの価格表示をしていないことが目についたという。この点からも同調査の意義は大きい。

千里ニュータウンのマーケット値段表（1965年6月6日午後2時～4時調べ、単位＝円）

商品名	単位	藤白台	古江台	青山台	佐竹台	高野台	津雲台※	オアシス	平均
食パン	一斤	40	40	40	40	40	40	40	40
あじ	100g	3	10	－	5	5	11	－	7
さば	〃	15	20	－	12	17	14	－	16
牛肉（中）	〃	60	70	70	65	70	70	60	65
豚肉（中）	〃	50	60	－	65	65	60	65	60
鶏肉（中）	〃	65	60	－	60	65	55	60	60
プレスハム（中）	〃	60	70	－	65	70	75	－	70
ホーレン草	1ワ	20	15	－	－	20	30	－	21
大根（中）	1本	20	25	35	30	25	30	20	20
なす（中）	1本	15	20	－	10	15	18	20	18
トマト	100g	15	20	－	15	15	15	15	17
豆腐	1丁	25	25	－	25	25	20	－	24
こんにゃく	〃	20	20	－	20	20	20	－	20
鮭缶（220g）	1缶	85	110	110	105	－	105	105	103
みかん（5号缶）	〃	75	－	65	65	60	65	65	66
キューピーマヨネーズ（450cc）	1びん	170	175	170	－	－	190	165	174
キッコーマン（1.8ℓ）	1本	210	210	200	210	210	200	200	200
雪印バター（225g）	1コ	170	－	170	170	170	170	170	170
雪印マーガリン	1コ	75	－	70	70	－	75	75	74
上白砂糖	1kg	118	115	108	110	120	105	110	112
ミツワわくねり石けん	1コ	25	－	－	33	30	30	－	28
ハイトップ（1,050g）	〃	390	市場450 商店420	－	450	450	470	－	
グリーンサンスター（170g）	〃	105	110	120	－	－	115	125	115
アンネナプキンF（20コ入）	1箱	100	100	－	－	100	130	125	111
パーマ（上）	1回	1,200	1,300	－	1,300	－	1,550	－	1,340

備考：※印＝大丸ピーコックストアの価格、オアシスは阪急のマーケット。
出所：「ニュータウンの物価調査報告」『千里山タイムス』1965年6月13日付、第2面。

第6章　京都駅観光デパートの創立

はじめに

本章では、大阪から少し離れて京都駅の事例をとり上げる。京都駅の小売商業施設を見ると、戦前から商品陳列館が建設されており、地元の物産が紹介されてきた経緯がある。また京都駅前で有名だった百貨店「丸物《まるぶつ》」や昭和初期に生まれたはとや（百貨店）は観光客向けの商品を販売した。

こうした経緯をふまえた上で、戦後の三代目京都駅ビル完成時（一九五二年）に開業した京都駅観光デパート（現、ザ・キューブ）の創立と「買物客調査と接客診断」（一九五七年）について検討してみたい。

当初、同デパートは観光客相手に京都の玄関口で「京都の顔」となる品ぞろえを提供しよ

う と考えた。しかし、調査によると買物客の多くは地元客であって、従業員の接客態度も特別評価されるようなものではなかった。そもそも同社は「デパート」とは言いながらややもすると「京都のみやげ物店」の印象がぬぐえなかった。

同社を取り上げる理由として、第一に国鉄（現、ＪＲ西日本）の鉄道弘済会が中心となって「専門大店方式」を採用して会社設立している点である。ここに専門大店とは「一業種一店」を前提に専門店が共同販売する組織であり（日専連の源流）、戦前昭和初期の大阪で生まれたものである。戦時中に国鉄大阪駅に移転して、戦後は乗降客の買物の利便にこたえ、相当の利益を上げていたためその販売方法を真似することにしたのであろう。

第二に、京都駅観光デパート創立五年目に京都産業能率研究所が行った「買物客調査と接客診断」（一九五七年）を紹介するためである。同調査は薄い冊子だが、当時の同社の特徴をよく示しており、「可もなく不可もなく」意外と平凡だった同デパートの評価は不満が残るものだった。

その後同社が、一九八七年の国鉄民営化（ＪＲ西日本へ移行）から、一九九七年に四代目京都駅開業に合わせて店舗名称を「ザ・キューブ」に変更するまでを考えてみると、ある意味当時の「調査と診断」の意義が明らかになると考えるからである。

そこで、まず大阪の専門大店の戦前・戦後の動向を一瞥し、戦前の商品陳列所、京都駅前の正面にあった「はとや」（百貨店）を紹介する。その上で、戦後の京都駅観光デパートの創立、調査・診断について検討していきたい。

一．大阪の専門大店、戦前と戦後[1]

一—一．戦前の専門大店創立

昭和初期、大阪渡辺橋の朝日ビル二階（約三七〇坪）に大阪の有名専門店が約八〇店集結した。専門大店である。専門大店とは、異業種の小売業者、製造業者、卸売業者が互いの商品を宣伝・販売する場であり、日本独自の商業施設である。結婚用品を扱っていた渋谷利兵衛が大阪商人八店で第一回結婚調度展示会を高島屋（大阪心斎橋時代の高島屋）で開いたのが始まりである。[2]嫁入り道具をそろえるために「一業種一店」を原則に専門店が共同売出しを行ったのである。それが好評だったので、以後継続的に催しが続けられた。高島屋、十合がまだ呉服店で百貨店化するまでは両店も参加していた。参加者は市内に自店を持ちつつも、専門大店に参加することで、新製品の宣伝や販路拡大を目指していた。現代風にいえばアンテナ・ショップのような役割か。興味深いのは、参加店には美津濃（現、ミズノ）や小西六写真機店（現、コニカ）、中山太陽堂（現、クラブコスメチック）、武田長兵衛商店（現、武田薬品工業）や菊正宗、松下電器（現、

図 6-1　昭和初期の大阪駅付近の地図

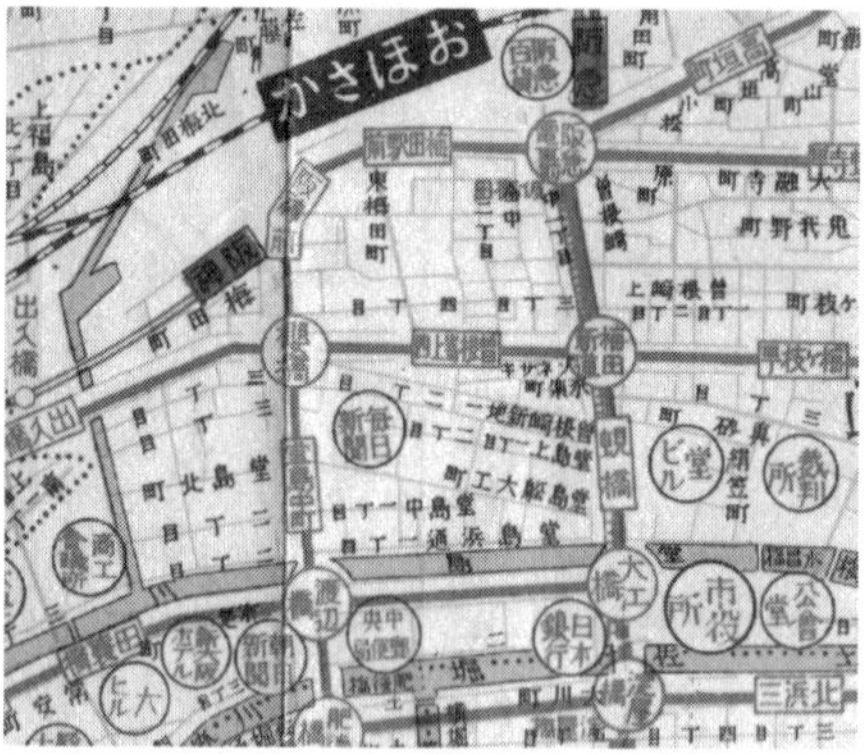

出所：『大阪新電車地図』（旅館大黒屋総本店）より抜粋、筆者所蔵。

図 6-2　朝日ビルディング

出所:『朝日ビルデイング新築工事概要』大阪朝日新聞、1931 年、ページなし。

パナソニック）といった今日の有名製造業者が入っていたことである。専門大店という名称には当初反対の向きもあったが、美津濃の水野利八が「後日この名称は必ず役だつ時がある」と一同を説得して決定したものだった。

図6—1は、昭和初期の大阪駅付近の地図で、渡辺橋付近に朝日新聞社ビルが見える。すぐそばには、図6—2にある通り、同じ系列の朝日ビルディングがあった。その二階をすべて借りて専門大店が入居していた。戦時期の一九四三年二月には、鉄道局、大阪府当局が「大阪駅新駅舎構内に店舗を設けるものは大阪小売店界の代表として大店のみに限る」との大局的立場から白羽の矢が立てられ、公共的使命を帯びて（駅舎が新しくなった）大阪駅に移転することになる。ただし一九四五年六月には大阪駅戦災により営業ができなくなってしまう。[3]

一—二．戦後の専門大店

一九四八年一〇月一四日鉄道記念日に再び専門大店は復興した。支店を下関、大阪駅前の第一生命ビルに設置した。本店の場所は、大阪駅構内で売場三九〇坪（約一二八七㎡）、他に事務室、食堂が約一〇〇坪あり、〝三十分横丁〟の愛称で親しまれた。営業時間は（店舗が駅構内にあるため）特急「つばめ」の発車三〇分前の早朝八時三〇分から午後九時までとした。この点、周辺にあるターミナルデパート阪神、阪急は百貨店法の規制を受けて午後六時閉店だったので、その分優位性があった。[4]

一九五六（昭和三一）年には年商約七億円、[5]一九六三年二一億七、〇〇〇万円、一九六四年二二億円となった。一九六三年の売上構成比を見ると、食料品三七・五%、雑貨二五・一%、衣料品一三・九%、身回品一二・一%、家庭用品七%、サービス四・四%[6]であった。駅構内店舗という特質から、食料品、雑貨が多いことがわかる。「客層の大半は通勤客、春秋の行楽シーズンには旅行客で増える」「商品売行のトップは食料品に集中し、特にお土産品が出足よく、次いで書籍」という。専門大店は今も大阪駅内に存続しているが多くは飲食店に変貌してしまった。[7]

このように、戦後の専門大店は順調に売上を伸ばし、大阪駅の乗降客（通勤客、観光客）に買物の利便性を提供していった。ただし、武田薬品やコニカ、松下電器といった有名製造業者の出店はなくなっていた。戦前のアンテナ・ショップとしての役割が、戦後TVなど新たな広告手段にとってかわられたからだと推測する。[8]

二．戦前京都駅と商品陳列所、はとや（百貨店）

二―一．商品陳列所

商品陳列所とは、産業の発達をはかるために、各種の物産を陳列して人々の縦覧に供する場所をいう。商品陳列所の設置は、特に明治時代が盛んで一八七三（明治七）年石川県物産陳列館を始めとして、一九一四（大正三）年までに四〇ヶ所を数えた。[9] 京都には一九〇九（明治四二）年京都市上京区岡崎町に京都商品陳列所が置かれた。京都駅の場合、その設立経緯は次の通りだった。[10]

「ひっちょ（七条）のステンショに、陳列所をつくったらどうでしゃろ」。明治四一年のある日、市内有志の会合でこんな話が持ちあがった。「よろしおまんなァ、一等場所ですよって」。そのころの京都駅は年間乗降客ざっと四二〇万人。〝京都の表玄関〟になっていたから「ここで特産品の宣伝やら紹介」をと思いつくのは当然。話はトントン拍子に具体化した。

当初は「棚《たな》」程度であったが、大正期ご大典後の建物が下賜となり、その一つを物産館に使うことが決まり、実業組合三〇団体が「京都名産品陳列館協会」を結成し、同建物を京都駅構内（五三〇㎡）に移し、ここでみやげ品の販売や旅館、料理屋の案内、説明を行ったので入洛客からは大好評をうけた（一九一七〈大正六〉年一〇月）[11]。この時期が全盛期だろうか。

一九二三（大正一二）年四月になると協会から商工会議所へ建物、その他を無償譲渡し、同所直営となったが、翌年改築話が起こり、別会社を設立した。会社は鉄道省から土地一一〇〇㎡を譲り受け、一九二八（昭和三）年一〇月鉄筋コンクリート五階建ての「京都会館」を完成させ、二階以上をホテルとして、一階を名産館として使用した。しかしながら、名産館は一九三一年一月に廃止となり、岡崎公園にあった市の陳列所に設備一切を譲り渡し、京都会館は一九四九年よりステーションホテルとなった[12]。

つまり、京都駅の商品陳列所は当初「棚」程度だったが、大正期になると京都駅前に立地して全盛期となる。戦後はステーションホテルに変貌するのである。

二—二．はとや（百貨店）

大正期の商品陳列所に続いて、昭和初期に繁昌していたのが、京都駅前「正面」に開業した株式会社はとや百貨店（以下、「はとや」と略す）である。同社は一九三五（昭和一〇）年一月京都駅前「正面」の好立地に三六六坪（約一二〇八㎡）で開業し、一階で京土産品一切、食料品、旅行用品、雑貨、化粧品を小売販売し、二階を食堂とした[13]。ほどなく店舗が手狭になったので、一九三八年京都会館の一階全部二〇〇坪（約六六〇㎡）を借りうけ、これを「はとや別館」と名づけて特殊催物、団体休憩、商品加工、整理、貯蔵場にあてた[14]。

はとやの繁盛期は三〜六月の四ヶ月間（観光時期）であり一年の売上高を左右するほどであった。さらに一〇・一一月は下半期のかき入れ時期となる。通常の百貨店が繁盛する中元期や歳暮売出し時期にはむしろ閑散としている。年間売上高は六〇万円程度であった。

地理的に見ると「地元客交通の至便より来る顧客も多く、殊に店舗前からは市電河原町線、伏見、中書島、稲荷線の起終点をなしその他店舗付近は京都駅へ集まる市電、市バス等多く交通の要衝を占め地の利に於いては優良なるものあり」という[15]。ここから、京都駅は省線（国鉄、現、ＪＲ西日本）だけではなく、市内交通のターミナル駅としても機能していたことがわかるのである。

はとやを実質的に経営していたのは、駅の好立地を獲得した永末明であった。永末は、一八九三（明治二六）年福岡県田川郡金出町に生まれ、熊本県立工業学校に学んだ。卒業後は第一次世界大戦の好況に乗り、炭山経営に乗り出したが失敗し、大阪に出て石炭販売業に努力し一次は相当の成績を収めた。しかし大戦後は経営不振となって苦闘三年の末、事業を断念した。たまたま、京都市が東宮殿下ご成婚記念万国博覧会参加五〇周年記念博覧会の開催に際し、招かれて市の臨時雇員となり業務に努めた。やがてその功績が認められ京都工芸協会常務理事に抜擢され、「京都駅正面の開かずの土地活用に着手」してはとやを開業したものである[16]。ただし戦前に盛況だったはとやは、残念ながら戦後には見えなくなる[17]。

三．京都駅観光デパートの創立[18]

三―一．京都駅三代目駅舎の再建

さて、国鉄（現、ＪＲ西日本）京都駅では一九五〇（昭和二五）年一一月一八日二代目駅舎が火災に見舞われ、その再建に追われていた。出火原因は、駅構内食堂の従業員がアイロンのスイッチを切り忘れて帰宅したためであった。幸い「負傷者なし」という幸運に恵まれたが、この火災で三〇万枚の切符を失った[19]。

その後、一年二ヶ月後の一九五二年二月に三代目駅舎が再建される。市内の道路が駅で遮断されているので南北を結ぶための高架化が地元から要請されたが、約三〇億円かかるため断念した。図6―3は完成した駅ビルで、正面に細長い高さ三〇ｍの塔が見られる。まだ京都タワー（一九六四年）ができる前で、最上階が展望用とされた。

駅ビルの建設費用は当初予算「三億円のワク内で国鉄がすべて整備完成し、相当額の賃料で貸与、物品陳列ならびに売店、食堂などを経営させるということであった」[20]。しかし、朝鮮動乱により費用が四億二、五〇〇万円まで高騰したため、検討の結果、「新会社を設立、これに工費の一部（二階および塔の内装工事など）を負担させ総仕上げのうえ経営させることに

図 6-3　三代目京都駅ビル

出所：京都駅観光デパート社史編さん委員会編『二〇年の歩み』同社、1972 年、6 頁。

改められた」。

国鉄（現、ＪＲ西日本）の営業関係地元統括機関であった大阪地方営業所を中心に、いろいろ構想が練られたが、基本は「近代的構想によるデパート形式」として、府、市、商工会議所から推薦された者で店舗を構成するというものだった。そこで関係者が集まって相談がなされた。

業者の出店に際しては、商工会議所が候補者リストを作成したところ、即売、展示あわせて二〇〇店をこえたものの、仔細にみると多くが専門店であるがゆえに品種が限定され、駅構内での営業という点では一般性に欠ける憾みがあった。これは候補にあげられた側にしても採算が合うかどうかを危惧するもので、京都人の保守性も手伝って、手を上げる業者が少なく難航した。

三—二．京都駅の構内営業から京都駅観光デパート創立へ

国鉄大阪地方営業所では、「特産品陳列および売り場は、その永続性の見地から展示を加味した即売を主とし、品種も特産品も限定しない。また一般的な旅行用品もくわえ専門大店的なものにする。塔部分については専門飲食店として京都の味を提供できる業者を選定する」とし、「売り場の業者選定基準については、京都所在の有名商店、小売業者、資力・信用の十分なもの、運営については、すでに実績のある大阪駅の株式会社専門大店型を踏襲することに決められ、総合的な別途団体をつくることになった」[21]。ここに「専門大店的なもの」というのは、第一節で述べた通り、「一業種一店」の集合のことである。当時大阪にあった専門大店がお手本になったものと見られる。

一九五二年七月一八日株式会社京都駅観光デパートが資本金一、〇〇〇万円で創立され、社長は大槻信治（一八八八—一九七三年、戦前・国鉄門司鉄道局長、京阪電鉄取締役、戦後・京都運送㈱社長など）、常務取締役は野村数夫（鉄道弘済会京都営業所長）、取締役は三富秀夫（鉄道弘済会大阪支部長）、椋本修造（大阪鉄道工業株式会社専務取締役）で、監査役は渋谷利兵衛（株式会社大阪専門大店社長）、

緒方泰男（肩書不明）が就任した。ここから同社が、国鉄および（その福利厚生機関である）鉄道弘済会関係者であったことがわかる。また、第一節で紹介した専門大店社長の渋谷利兵衛が就任している。渋谷は専門大店の創立時の発起人でもあった。

同社の「目論書」によると、第一に「会社の事業」では、国鉄から承認をうけた商品陳列、売店（二階）、飲食店営業（塔）、面積は二階売場八八八㎡、塔三〇〇㎡とする。国鉄と協議のうえ、業者選定による「委託経営」を原則とし、一部「会社直営」とする。

売店は、食料品＝和洋食品、茶、昆布類、青果物など、菓子類は直営とし京名菓の宣伝を主体とする。京呉服＝着尺、帯地、染呉服、半襟、帯締、風呂敷など、洋品雑貨＝洋傘、ショール、足袋、靴下、ワイシャツ、ネクタイ、化粧品、眼鏡、時計、装身具、写真機および材料など。道具類＝家庭金物、陶磁器、茶道具類など。その他＝旅行用品、玩具、人形、文房具、蓄音機類、和傘、書籍、薬局など。塔の食堂は、じんぎすかん鍋、とんかつ料理、中華料理、お座敷てんぷらなどを予定していた。

第二に「収支見込」である。収入を一、九〇〇万円として、その内訳を委託店から徴収する一定の家賃と売上歩合、他に直営店利益および展示料金等としている[22]。支出は一、八四〇万円で、その内訳は人件費、物件費、構内営業料、償却費その他を想定している。結局、一、九〇〇万円から一、八四〇万円を差し引いて差益を六〇万円としている。資本金は出店保証金の三、〇〇〇万

図 6-4　チラシ

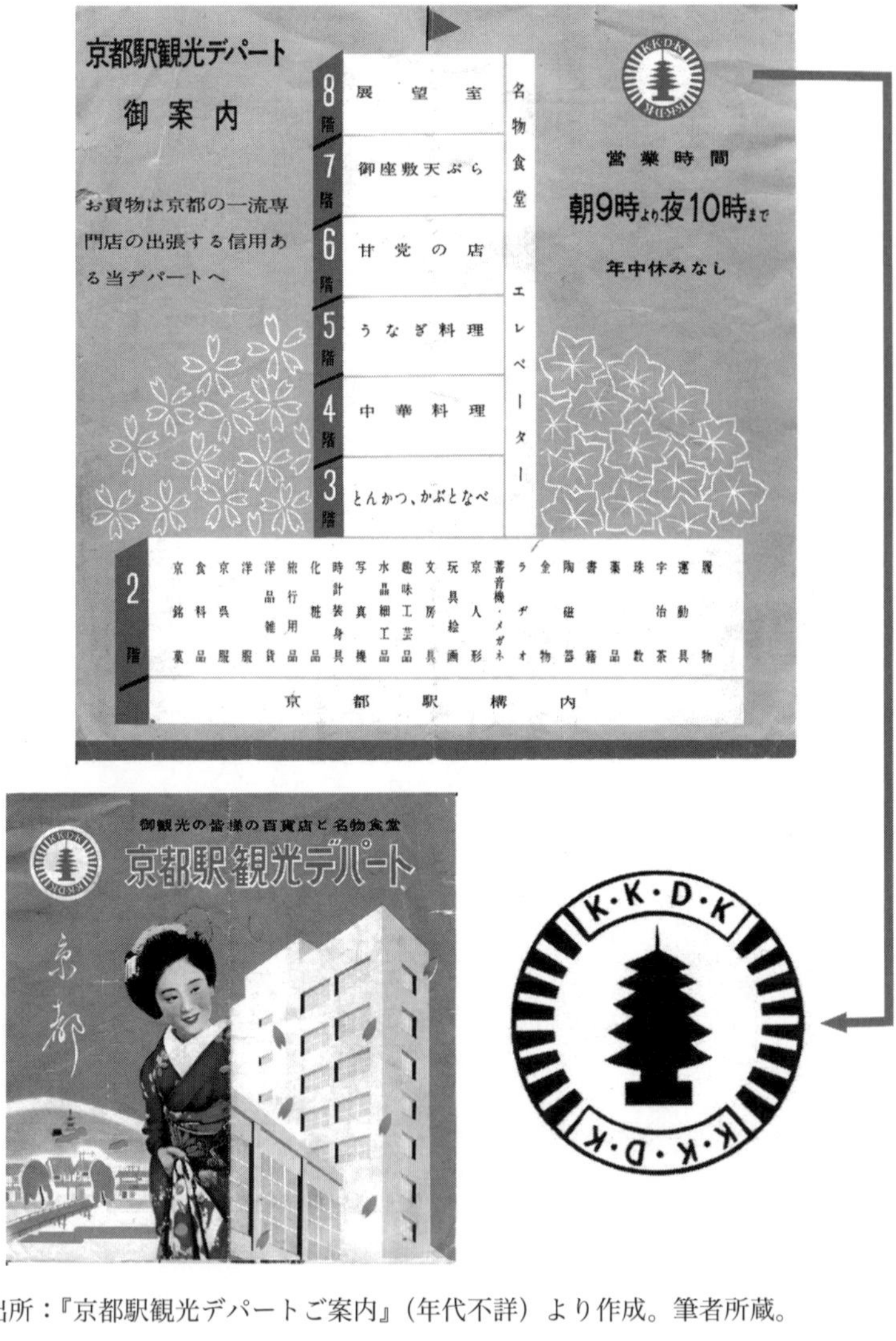

出所：『京都駅観光デパートご案内』（年代不詳）より作成。筆者所蔵。

円を予定している。

図6—4は同社のチラシである。駅二階部分に店舗が集まり、中央の塔に食堂が配置されている。おおむね当初の目論書通りの店舗・品ぞろえをしていることがわかる。会社のマークは、中央に京都の観光を象徴する五重の塔を置いて、円型の周囲に一六片の菊の花びらを図案化したものである。円の上下には会社の頭文字（K・K・D・K＝京都駅・観光・デパート・株式会社）を入れ、レールの断面の「工」を表現している。

三—三．営業の推移

創立年の一〇月一四日（鉄道記念日）に同社は開業した。駅を利用するお客様にサービスを提供するというのが建前なので、営業時間は年間を二分して四月〜一〇月までは午前八時〜午後九時、一一月〜三月末は午前九時〜午後九時で二交代制、年中無休とした。女子従業員七〇名を募集したところ、五〇〇〇名を超える応募があり担当者を驚かせた。開業当初の従業員数は、男性一八名、女性七〇名の合計八八名（事務所、直営店のみ）であった。[23]

当初は売場面積三〇〇坪（約九九〇㎡）、委託販売店一一二ケース、直営売店一六ケース、計一二八ケースで営業開始となった。開店時の出店者と（取扱商品）は次の通りである。

一．食料品　直営※（京菓子）、大安（京漬物）、河政（果物）、京昆布（昆布、珍味）、野村佃煮（佃煮）、錦林治（かまぼこ）、富屋（和洋酒、缶詰類）、福寿園（宇治茶、茶道具）

二．家庭用品　ひまわり（化粧品）、服部（和傘、履物）、丸伊（靴）、京屋（文房具）、義豊（家庭金物）、白洋舎（クリーニング）、コクミン薬局（薬品）、イヅミ電気（電気器具、ラジオ）

三．服飾品　ゑり善（京呉服）、ニュースター（洋品雑貨、ショール、小児服）、アカツキ（毛糸及びその製品、婦人服）、星屋（既製服）、小山堂（袋物）、日本旅行用品ＫＫ（旅行用品、運道具）

四．趣味品　今堀（蓄音機、レコード、ラジオ）、ツバメヤ（写真機、現像、材料）、さくら井屋（絵画、封筒、便箋、絵葉書、趣味手工品）、北岸（京人形）、大京（玩具）、駸々堂（書店）

五．工芸品　萬珠堂（陶磁器）、安田念珠店（珠数、打数）、スリーエム（時計、装身具）、さのや（水晶細工品、印判）、日本交通事業社（外人向みやげ品）

六．食堂　与太路（三階、とんかつ、かぶと鍋）、浜村（四階、中華料理）、江戸川（五階、うなぎ料理）、若狭屋（六階、甘党）、七燿亭（七階、お座敷てんぷら）

※印の直営店の店名と（代表品名）

聖護院八ツ橋（八ツ橋）、西尾八ツ橋（八ツ橋）、井筒八ツ橋（八ツ橋）、豆政（夷川五色豆）、豆富本舗（小町五色豆）、高野屋製菓（豆板）、井上笑栄堂（霜柱甘納豆）、笹屋伊織（芳露）、長久堂（きぬた）、亀屋陸奥（松風）、鳴海屋（かき餅）、かわみち屋（そばぼうろ）、河道屋（そばほうる）、大原女家（かま風呂）、鶴屋吉信（柚餅）、梅岡（州浜団子）、あみだ池大黒（粟おこし）、明治商事（キャラメル）、森永商事（キャラメル）、永井製菓（袋菓子）、マルタン（豆平糖）、駿河屋（煉羊羹）、松屋（白羊羹）、鍵重（金平糖）、尾張屋（そば餅）、京華堂（しぐれ傘、つぼつぼ）、亀屋良長（北山時雨）、長崎屋（洋菓子）、三条若狭屋（生菓子）、本家かぎや（ときわ木、朝がゆ）、月餅家直正（月餅）、西洋軒（パン）、田実光造（グリコ、ビスコ）、ホワイトベーカリー（パン）、宝商会（松露）

かなり多くの種類の店舗と商品が入っているが、売場面積はわずか三〇〇坪（約九九〇㎡）で一〇〇〇㎡にも満たない。しかし、観光シーズンと国鉄開通八〇周年のイベントが重なり、店内は一日中あふれんばかりのお客様で、従業員はてんてこ舞いの忙しさだった。初日の売上高は、予想の三〇万円を大きく上回り四四万円となった。開店四日間の売上高は、当初予想の倍以上となった。その後、年末が一日九三万円、翌年の正月三が日の平均が一一五万円となった。このあたり、駅の商業施設でお土産、贈答用の京菓子など食料品が多く売れたのであろう[24]。

ところで、委託店は狭いスペースを有効に使って、なるべく豊富な品ぞろえを実現するために「一業種一店」がとられたのでデパート内で競合が起こる恐れはなかったものの、委託店は専門店街を形成する集合商店だったので、各店が共同で取り組むべき課題は多かった。開店当初の売上不安は解消されたものの、積極性に欠けるきらいがあったため、各店出店の音頭をとった「ゑり善」の亀井辰次郎社長（京都市商店連盟会長）が主唱して店主たちの組織「和光会」を結成した。さらに各店の店長が集合した「心和会」、直営の菓子仕入業者の「観光銘菓会」が生まれた。

一九五四年三月には、デパート内に京都の各種名産品や伝統産業の製品を展示する京都市商品陳列所がオープンした。「特産品の宣伝紹介を駅で」という名目で、京都駅に陳列所が設けられるのは、明治以来の伝統になっていた（二―一参照）。売場面積は四八〇㎡を予定していたものの、諸事情により一〇〇㎡に縮小し、一九五六年の第一次拡張期には閉鎖されるという状況になった。陳列所がもっとも成功した大正期のように成果は上がらなかったようである。

他に、一九五五年一〇月京都駅観光デパートでは「責任保証制度」を導入した[25]。これは万が一お買上げ商品に問題があった場合には、無条件で取替え、または返金するというもので、当時としては画期的な制度であった。導入にはコストアップの問題があったが、実際に導入してみると取替え、返金はめったになく、逆にこの制度の導入が顧客の信頼を得て、売上向上にひと役買うことになった。

やや時期は下るが、同デパートの売上高を見ると一九五八年に六億八千万円、五九年七億二千万円（推定）で、一日平均入店客数が二万人、うち買物客が一万五千人であった。商品売上比率は、食料品五三%、服飾品一六%、趣味品一四%、家庭用品一〇%、工芸品七%で一日平均売上高約二〇三万円であった。時間別の入店者比率は一八時一〇・八%、一九時一二・四%で最も多かった。京都駅が国鉄のみならず市電やバスのターミナルであることから、同デパートが市内住民の食料品などの購入場所にもなっていることがうかがえる。売場面積は当初の約九九〇㎡（三〇〇坪）から創立時よりも二九七〇㎡と約三倍に増えていた[26]。

第一節で見た大阪の専門大店と比べると、同店の一九五八年売上高は八億円と京都駅観光デパートを少し上回る程度であった[27]。これを三六五（日）で割って一日平均を出すと、二一九万円と一〇数万円ほどの違いしかない。ただし、専門大店は売場面積が一三二七㎡で京都駅観光デパートの約半分なので、販売効率は高かった。いずれにしても、京都駅観光デパートは専門大店と似たような営業を行っていたものと見られる。

四．京都駅観光デパートの「買物客調査と接客診断」（一九五七年）[28]

四―一．京都駅観光デパートの状況

さて、創立五年目になると、資本金は二、〇〇〇万円となり、総面積八六七坪（約二八六一㎡）、店舗数三四（内、直営二）となっていた。職員数は五一一人（男一三二人、女三七九人、ただし直営男女一三九人含む）で、食料品、家庭用品、趣味品、服飾品、工芸品などをあつかい、各種食堂も併設していた。一日の平均入場客は約二万人で、そのうち利用客は約一万五千人であった。京都駅の乗降客数が一五万人なので、利用客(買物客)はざっと見て一割ということになる。

四―二．買物客調査と接客診断の調査
買物客のプロフィール

一九五七年七月一九日、同社はアンケートはがきを使った調査を行った（実際の調査は依頼を受けた京都府立産業能率研究所）。購買客に懸賞付きハガキを一五〇〇〇枚配布した。返送枚数は五二〇五枚で有効回答数は四一二六枚であった。

以下、その概要を見ていくと、買物客の居住地は京都市内が三七・六％、次いで府下、滋賀県、

大阪府、その他の近畿地方を含めると八四・三％まで上昇する。ここから客の多くは地元の人であったことがわかる。

次に性別は男六九％、女三一％、年齢は三〇歳以下が五七・二％（四〇歳以下を含めると七六％）と若い利用客が多かった。さらに職業別に見ると、会社員、官公吏で四六・九％、その他が二一・九％であった。その他には、教員、旅館等・サービス業、医師他自由業が含まれているという。次いで学生一七・九％、商工業者一三％という割合で、男性会社員、官公吏がボリュームゾーンであることがわかる。

旅行目的を見ると、その他が三一・六％と最も多く、通勤客二五・八％、観光客一七・八％の順であった。その他には学生の通学や近辺居住者が多く含まれているようである。買物客滞在日数は、日帰り客が六七・五％、三泊以上が一五・二％、一泊は九・八％、二泊七・五％という順番であった。

ここから近辺居住者の勤め人の若い男性が多く買物客として訪れていることがわかる。宿泊者が三割ほどいるので京都観光の客とビジネス客がいるものと思われる。

接客に関する客の評価

同社は、買物客に「店員の態度」「言葉づかい」「服装」「商品の価格」「品質」「陳列」「種類」「店内装飾」「設備」「その他」の九項目について、普通・良い・悪いなど段階評価をしてもらっているが「普通・良い」が大半であって、「これを裏返せば、特に印象的なものが残っていないとも結論され、当デパートが京都の玄関口に位置する、市内一流専門店の出店であるということと併せて考えると、この結果では少々淋しく、少くとも客が十分満足しているとは解し得ないように思われる」（傍線、引用者）と結論付けている[29]。

以上をまとめると、「当デパートの利用者は案外に市内近辺又は近郊に居住する通勤者が多い」「男性の、しかも三〇才以下の比較的青年層が多い」「職業としては、会社員、公務員、学生等の給料を主とする固定収入層が多い」「観光客としては、比較的遠方の人が多く、且つ中年以上の年齢が多い[30]」「買物客は当デパートの商品、サービスに対しては特別の印象（良きにつけ悪しきにつけ）は感じていないようである」。

ただし、調査時期が七月で「他府県からの観光客その他の外来客が比較的少ない時であったこと」「買物中の遠来客はアンケートについて心理的にも関心が薄く、回答が近辺、近郊の買物客に集中されたのではないか」「接近して存在する丸物デパートの休日であった」ことも近辺、近郊の買物客が多かった原因となるのではないか、と結ばれている[31]。

接客態度等診断

ついで、同年七月四〜九日、診断員一〇名で各店舗の接客態度等を診断した。一〇名の内訳は、京都府立産業能率研究所商工課員が七名、民間女性が三名であった。診断店舗は二七店、診断項目は店員の接客動作を主とし、その他これに付随する事項であった。項目と（　）内の主要な評価を抜粋すると下記の通りであった。

①アプローチ＝接近動作について（接近の態度が消極的であり各項目を通じて最も劣っている感が強い。
例、店頭客に対して無関心すぎる。声をかけられるまで黙っている。店員同士で雑談している。）
②服装（制服、清潔感あり良好）
③言葉づかい（不愛想、ぶっきらぼう、なまりなど）
④商品説明（商品知識はあるが、説明が消極的で十分客を満足させていない）
⑤購買までの所要時間（平均一分内外で良好）
⑥責任販売（良好）　※三―三「責任販売制度」を参照
⑦その他（一般店でレシートを出さない店が多い、食堂で客の去ったあとのテーブル処理が遅い）
⑧店内設備（客案内の表示が不足、責任販売のPRが足りない）
⑨取扱商品（当デパートに不適格な商品あり、逆に足りない商品もあり）

ここから、積極的に客を呼び込むことはしておらず（①⑧）、言葉づかいも無愛想で商品知識はあるが、説明が消極的で十分に客を満足させていない（③④）ことがわかる。また取扱商品が客にマッチしていないケースもある（⑨）。ただし、平均一分以内に購買していく買物客なので、どのように対応すべきか現場では悩みもあると推測する。一方で、服装に清潔感があり、責任販売（制度）が評価されている（②⑥）。

他に、調査の「むすび」では、店別、店員別に格差が甚だしいとあり、「これがデパート全体としての品位、風格の醸成を妨げているよう見受けられる」と記されている。個々の店員の姿勢・能力に加えて、「各個性を持った専門店の集団経営としてのあり方」が問われているといえよう。

むすびにかえて

これまで、戦後三代目の京都駅が開業した時に営業を開始した京都駅観光デパートの創立と調査・診断について検討してきた。そこで明らかになったことは、同デパートが大阪駅の専門大店と似たような営業をしていたことだった。すなわち、京都の有名店専門店が集まって食料品や雑貨、衣類などを観光目的の乗降客はもとより市内の利用者に向けても販売していたことである。ただ京都の場合、大正期の商品陳列館の伝統があったことが特徴的であり、戦前の京都駅前「正面」のはとや開業にも言及した。

次に、同社創立五年目の調査・診断は、平凡な結果だったので、不満が残るものとなった。すなわち、本来京都駅観光デパートは京都の玄関、京都の顔であると関係者は考えていたのだが、意外にも京都市内の利用者が多かった。また同店は老舗の菓子店など専門店が集合しただけで統一性も欠けていた。そこで、観光客と地元客の両方に愛顧される店舗運営や全体としてのイメージ統一が必要だったのに、それが出来ていなかった。短時間で購入を決める駅ビルの購買客に対して、売場のセールスプロモーションの工夫が求められており、これは今日でも重要な課題といえる。(この点、現在の新大阪駅構内商業施設が参考になる)

最後に、京都駅観光デパートの売上高推移を他店の動向と合わせてみておこう。図6—5は、同店の一九五二年から二〇〇〇年までの売上高推移である。〇印で示した通り、おおよそ三つの時期に区分することができる。

つまり第一期は一九五二年開業から一九七〇年大阪万博まで順調に伸びて、以後急速に売上を増やした。この時期、店舗の増床があったことが大きな原因であるが、京都のお寺の大遠忌による団参臨時列車運転（一九六一年春）や新幹線開通（東京―大阪間）・延伸（大阪―博多間）など乗降客が増えたことも見逃せない(国鉄大型貨車一〇両の内部を改造して商品展示した「走る百貨店」も好評だった)。

第二期は一九七六～一九九二年頃で「安定期」に入ったように見える時期である。という

図 6-5　京都駅観光デパートの売上高推移

(単位：万円)

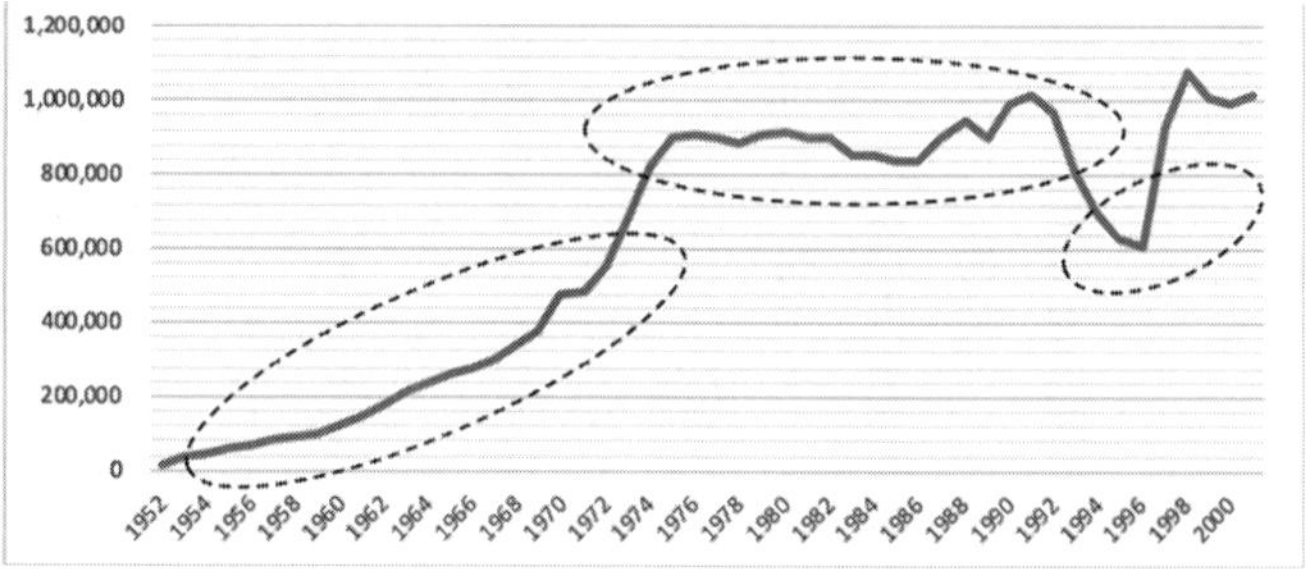

出所：『京都駅観光デパート五〇年の歩み』株式会社京都駅観光デパート、2002 年、100 頁より作成。

のも、一九八一年地下鉄烏丸線開通により地下街ポルタが開業し、売上減を補うために同地下街に出店したり、一九八七年国鉄民営化によりＪＲ西日本が同デパートの大株主となったりして多少の変動があったからである。[32]

第三期の一九九〇年代に入ると京都駅ビル建替えもあり「停滞期」に入っていく。この時期欠損が続いていたようである。一九九七年ジェイアール西日本伊勢丹の京都駅ビル入居と同じ年に、店舗名を変更し「ザ・キューブ」とした。四代目京都駅ビルの誕生にあわせて、再度売上高が上昇していく時期である。キューブは「三乗」を意味しており、「ファッション・京みやげ・軽食」の三分野を指している。[33] 九〇年代の欠損はＪＲ西日本が補てんした。[34]

図６―６は、京都駅観光デパートと京都市内の百貨店の売上高推移である。すなわち、京都駅観光デ

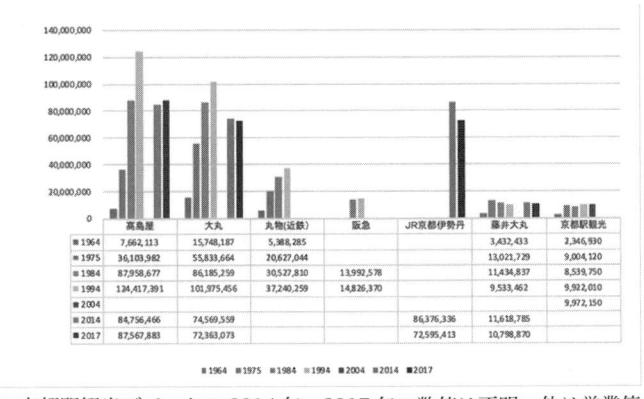

図6-6　京都駅観光デパートと京都市内の百貨店

（売上高推移、単位：千円）

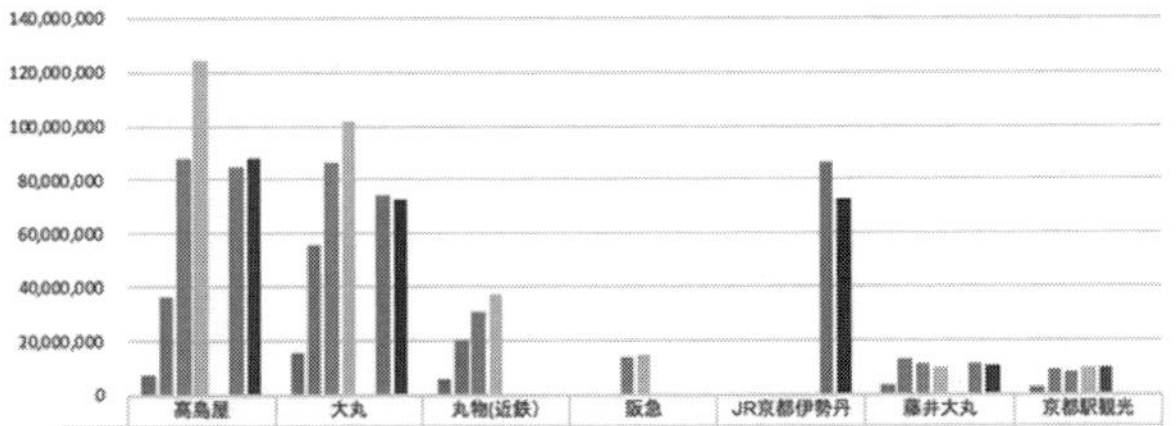

	高島屋	大丸	丸物(近鉄)	阪急	JR京都伊勢丹	藤井大丸	京都駅観光
1964	7,662,113	15,748,187	5,388,285			3,432,433	2,346,930
1975	36,103,982	55,833,664	20,627,044			13,021,729	9,004,120
1984	87,958,677	86,185,259	30,527,810	13,992,578		11,434,837	8,539,750
1994	124,417,391	101,975,456	37,240,259	14,826,370		9,533,462	9,922,010
2004							9,972,150
2014	84,756,466	74,569,559			86,376,336	11,618,785	
2017	87,567,883	72,363,073			72,595,413	10,798,870	

備考：京都駅観光デパートの2014年、2017年の数値は不明。他は営業停止。
出所：『デパートニューズ調査』『百貨店調査年鑑』各年度および『五〇年の歩み』（京都駅観光デパート、2002年）より作成。

パートはもとより、かつて京都駅前に立地していた丸物（一九七七年京都近鉄百貨店に改称）、一九九七年開業したジェイアール京都伊勢丹、さらに京都の商業中心地である四条通りの髙島屋、大丸、藤井大丸、阪急である。六〇～八〇年代にかけて髙島屋と大丸が二強であったが、九〇年代後半にジェイアール京都伊勢丹が開業する[35]と、「伊勢丹のノウハウと駅ビルの持つ集客力により[36]」京都駅も新しい中心商業地となった[37]。駅南口の総合スーパーを核店舗としたイオンモールが生まれたり、駅北側のヨドバシカメラ、西側のビックカメラといった大型専門店が出店したりしたことも大きい。

二〇〇六年度ジェイアール京都伊勢丹の売上高構成比を見ると、婦人服（売上高の二九・八％）、食料品（同二六・九％）、食堂・喫茶（同八・一％）の順であり、本業の婦人服と食料品に強い特徴を打ち出していることがわかる。また、同社の調査によると（上京区や中京区など）市中心部からの集客数は一九九八年には三割程度にとどまっていたが、二〇〇五年には五割まで拡大したという[38]。

そうした状況の中で、近鉄百貨店（旧、丸物）は二〇〇七年二月末に閉店してしまう。もともと髙島屋、大丸と比較して少ない売上高しか上げておらず、たとえ立地等の制約があったとしても、ジェイアール京都伊勢丹のような多数の乗降客を吸収する営業展開ができていなかったのであろう。

それは京都駅観光デパートも同じであって、同社が「一業種一店」の原則により地元の物産紹介、京都の有名専門店の集合から始まったことにその原因がある。ジェイアール京都伊勢丹の場合、地下一階に展開する漬物売り場に地元の複数の漬物会社の商品を一緒に並べたコーナーを設け、客が好きな会社の商品を自由に選んで一つの箱に詰め合わせる方式を採用した[39]。当時の京都駅観光デパートには、こうした営業展開はできなかった。

また、第四節「買物客調査と接客診断」で紹介した通り、デパート全体としての「統一性」「集団経営」の難しさもある。「専門大店方式」時代の同社にあっては、独立した有名店の寄合所帯の色合いが強かったために、店舗の入れ替えなどは難しく「集団経営」するには多くの障害があった。四代目京都駅が建設される際には、テナント（委託店）の入れ替え、店舗配置、入居条件等の大幅な変更が（業者の反発もあったが）実行された[40]。

ともあれ、今後はJR西日本グループの一員として「駅ナカ」事業[41]の一つとして時代のニーズに合わせた営業活動をしていくものと予想する[42]。

（参考文献）

・京都駅観光デパート社史編纂委員会編『二〇年の歩み』京都駅観光デパート、一九七二年。
・京都駅観光デパート四〇年史編集委員会編『四〇年の歩み』京都駅観光デパート、一九九二年。
・「五〇年の歩み」編集委員会編『五〇年の歩み』京都駅観光デパート、二〇〇二年。
・京都府立産業能率研究所『京都駅観光デパート診断結果報告書―買物客調査と接客診断』一九五七年。
・「ザ・キューブ」『日経流通新聞』一九九八年六月九日付、第二三面。
・荒川清彦『京都駅物語―駅と鉄道一三〇年のあゆみ』淡交社、二〇〇八年。
・上杉和央・加藤政洋編著『地図で楽しむ京都の近代』媒風社、二〇一九年二月。
・株式会社京都近鉄百貨店総務本部総務部編『株式会社設立五〇周年記念社内誌』近鉄百貨店、一九八五年。
・京都商工会議所『京都地域商業近代化実施計画策定事業報告書（実施計画）』一九九一年。
・田村直樹「商業施設における独占的競争の形成条件に関する考察―京都市コトチカの事例を通して―」『関西外国語大学研究論集』第九六号、二〇一二年。
・杉村暢二『日本の地下街』大明堂、一九八三年。
・松山草太「小売商業集積の調整力―阿倍野地区第二種再開発事業を事例として―」『経営研究』第六七巻四号、二〇一七年二月。

注

1 この節、ことわりのない限り谷内正往『戦前大阪の鉄道駅小売事業』五絃舎、二〇一七年、第二章「昭和初期大阪の専門大店」による。
2 『昭和三二年度版全国百貨店専門店商店会取引業者総覧』デパート新聞社、一九五七年、四四七頁。
3 同前。
4 同前、四四八頁。
5 同前。
6 『昭和四十一年度版全国百貨店準百貨店問屋商社年鑑』デパート新聞社、一九六五年、七一七頁。
7 http://www.crost.jp/、二〇一六年八月二九日アクセス。
8 前掲『戦前大阪の鉄道駅小売事業』四二一―四四頁。
9 「商品陳列所」『国史大辞典』第七巻、吉川弘文館、一九八七年、六〇二―六〇三頁。一八九六（明治二九）年農商務省の商品陳列館も開設されたが、これはわが国の輸出貿易の発達をはかる目的であった。
10 京都駅観光デパート社史編纂委員会編『二〇年の歩み』京都駅観光デパート、一九七二年、三四頁。
11 同前。
12 同前。
13 「はとや」『日本百貨店総覧（昭和一四年度）』百貨店新聞社、一九三九年、復刻版、四二八頁。はとやの所在地は京都市下京区塩小路通烏丸東入東塩小路町八五〇番地。ところで、京都駅前にははとやよりも大きな丸物があるのだが、同店は駅前からワンブロック離れているのでここではくわしく触れない。戦前の丸物については、末田智樹「昭和十一年浜松市の松菱開設反対運動とその背景」（『中部大学人文学部研究論集』第三六号、二〇一六年七月）を参照。戦後の丸物については、一九七七年に近鉄百貨店の傘下に入るので、さしあたり株式会社京都近鉄百貨店・総務本部総務

部編『株式会社設立五〇周年記念社内誌』同店、一九八五年を参照。

14 同前。

15 前掲「はとや」。

16 「永末明」『日本百貨店総覧（昭和一四年度）』百貨店新聞社、一九三九年、復刻版、六三三頁。

17 上杉和央・加藤政洋編著『地図で楽しむ京都の近代』媒風社、二〇一九年二月、八八―九一頁。

18 この節、特にことわりのない限り、京都駅観光デパート社史編さん委員会編『二〇年の歩み』（同社、一九七二年）による。

19 京都駅観光デパート四〇年史編集委員会編『四〇年の歩み』同社、一九九二年、二九頁。切符は急きょ大津から六万枚、その他最寄駅から手持ちのものを取り寄せ、ゴム印を押して間に合わせたほか、国電用は大鉄印刷場で印刷した（同前）。

20 当時は国鉄駅舎の建設費を民間業者が負担する「民衆駅」方式もあったが、そうはならなかった。民衆駅については近年研究が進んでおり、石榑督和「民衆駅の誕生」井川充雄・石川巧・中村秀之編『〈ヤミ市〉文化論』（ひつじ書房、二〇一七年）、藤井英明「戦災復興と駅前商業空間の形成―姫路民衆駅を事例に―」（井田泰人編著『鉄道と商業』晃洋書房、二〇一九年）等を参照。近年の駅ビルについては、池澤威郎『駅・まち・マーケティング―駅ビルの事業システム革新』（同友館、二〇一七年）を参照。

21 「五〇年の歩み」編集委員会編『五〇年の歩み』京都駅観光デパート、二〇〇二年、二〇頁。

22 この点は戦前の専門大店によく似ている。

23 以後、一九五五年に一〇〇名を突破し、一九六〇年代に入ると一五〇～三〇〇名となり、一九七〇年代にはやや減少して二二〇～二五〇名前後で落ち着いていく。一九八五年に一八八名となり一九九五年には一二九名まで減少する（前掲『四〇年の歩み』一一五頁）。ここにテナントの従業員は含まれていない。

24 月間の売上高推移をみておくと、一〇月一〇、三一九千円、一一月一八、八五六千円、一二月一八、三七七千円、翌一月二三、〇三五千円、二月一八、九三八千円、三月二九、七四三千円と好調を維持した（前掲『四〇年の歩み』四三頁）。

25 責任保証のチラシは次の文言が記されていた。「責任販売の保証　毎度お買い上げをいただき有難うございます。お買上げの品が万一お気に召さぬ場合は何時にても**お取替**又は**ご返品**に応じます。当デパートでは商品の責任販売をモットーとしておりますのでご遠慮なくお申出願います。〒六〇〇　京都市下京区JR京都駅階上　株式会社京都駅観光デパート　電話　京都〇七五（三七一）二一三一〜五」（前掲『四〇年の歩み』四七頁）。「JR京都駅」とあるので、国鉄民営化の一九八七年以降であることがわかり、その頃まで責任保証制度が続いていることがわかる。

26 『昭和三五年版全国百貨店・準百貨店・問屋名簿総覧』デパート新聞社、一九五九年、二八五頁。

27 同前、二九〇頁。

28 この節、ことわりない限り『京都駅観光デパート診断結果報告書—買物客調査と接客診断—』（京都府立産業能率研究所、一九五七年八月）による。

29 同前、一八頁。

30 観光客一七・八％（七三七人）のうち、関東地方一五・五％、中部地方一〇・二％、中国地方七・三％、近畿地方以外のその他五・八％で、合計三八・八％（同前、一二頁）。

31 同前、三〇頁。

32 現在、京都駅観光デパートとボルタは京都ステーションセンター株式会社が運営している（『商業施設新聞』第二一九七号、二〇一七年六月一三日）。

33 「五〇年の歩み」編集委員会編『五〇年の歩み』京都駅観光デパート、二〇〇二年、四〇頁。

34 二〇〇〇年の時点で赤字は二億三千万円で、一一億円の累積損失が計上されていた（『朝日新聞』二〇〇〇年二月一七日付、第一三面）。

35 ジェイアール京都伊勢丹については、『新世紀へ走る　JR西日本一〇年のあゆみ』（西日本旅客鉄道株式会社、一九九七年、三五四—三五五頁）を参照。

36 『JR西日本三十年史』西日本旅客鉄道株式会社、二〇一七年、三一九頁。二〇〇二年九月に増床リモデル（改装）し、二〇〇八年二月には駅ナカ商業施設「スバコ・ジェイアール京都伊勢丹」の開業、三月には、紳士フロワの大規模リモデルを実施した（同前）。

37　大阪・神戸は大規模な商業ビルや地下街の開発により「都市性」を強化している。またGMS（量販店）やSC（ショッピングセンター）による郊外の再開発とあわせて都市商業を強化している。しかし、京都は歴史と伝統に特徴があるため（「古都性」）、大阪・神戸と比べると、景観規制など商業施設の展開に制約がある（京都商工会議所『京都地域商業近代化実施計画策定事業報告書〈実施計画〉』一九九一年、一〇頁）。

38　『日本経済新聞』地方経済面、二〇〇七年九月一二日付、第四六面。二〇〇五年の日本経済新聞社調査でも、京都駅周辺に「よく行く」と答えた京都市民は五年前の五・四％から二〇％に急上昇したという（『日本経済新聞』二〇〇五年一月二七日付、地方経済面、第四六面）。

39　『日本経済新聞』一九九七年九月一一日付、朝刊第二部「京都経済特集」、第五面。

40　新駅舎への入居について「条件のよい場所は公募で集めた新規テナントが占め」たという（『朝日新聞』一九九六年六月一一日付）。旧テナントの飲食店「与太呂新社」は、京都駅観光デパートに対して「今までと同一条件で新駅ビルへの入店が保証されていない」として店舗明け渡しを拒否し営業続行の仮処分を申請するも、後に和解する。しかし、和解案が不調に終わったようで和解の履行を求める仮処分を申請している（『朝日新聞』一九九六年二月二〇日付）。

41　駅ナカの歴史的分析について、谷内正往「（報告要旨）駅ナカ・ビジネスの源流―鉄道弘済会を中心として」（『交通史研究』第九一号、交通史学会、二〇一七年一〇月、五六―五七頁）を参照。

42　つまり、駅商業施設を総合的にマネジメントするSC（ショッピング・センター）になっていく。かつての専門大店のような独立した商業者の集まりではなくなっていく。

コラム【6】京都駅前百貨店丸物

丸物とは変わった店名であるが、京都在住の年配の方ならなじみのある百貨店だと思われる。京都

出所：『まるぶつ』京都駅前丸物、1937年7月、ページなし、京都市右京中央図書館所蔵。

駅前の丸物は一九一八年三月京都物産館として商号登記され、一九二〇年一月一日開店した。木造二階建て、延面積五九四㎡、従業員男子一〇名、女子三五名で、代表者は中林仁一郎であった。一九二六年には鉄筋コンクリート造六階建て、延面積四二九〇㎡と大規模な百貨店へと変貌を遂げていく。一九三一年に「丸物」と社名変更し、岐阜県や愛知県豊橋市に支店設置を進めていく。並行して養子に行った実の弟谷政二郎が松菱の名で浜松市に百貨店を開き、地元の有名百貨店として長く営業を続けた（今日、セレクトショップなどを展開する東証一部上場企業㈱TOKYO BASEの代表者谷正人氏はその家系である）。

図は戦前・丸物カタログから抜粋した広告である（『まるぶつ』京都駅前丸物、一九三七年七月、京都市右京中央図書館所蔵）。プロのモデルを起用して流行を演出している。前出谷政二郎は、京都丸物にも関係していたようで、京都の百貨店について「大体百貨店の経営単位は人口十万に対し一店といはれてゐるが京都市は卅万に一店の割合で且つ人口の増加率以上に購買率が伸びてくるから有望だ」とい い、競争に火花を発する大阪よりは経営が楽であると語る。さらに「私の店（丸物―引用者、以下同じ）は交通機関の中軸を握つてゐる点と（敷地に余裕がありめぐまれているので）将来娯楽機関を設備し、（京都駅と）地下道で連絡し得るやうな設計になつてゐるが、（行政の）許可が得らるれば時事ニュース、映画館、歌劇位は経営してみたいとプランを練つてゐる」という（丸物谷政二郎「伸び行く百貨店時代」稲西合名会社編『染色之流行』第十八巻第八号、一九三八年八月、三十二頁）。

戦後の丸物は東京新宿の百貨店を引き継いだり、池袋にステーションビル株式会社を設立したりした（東京丸物）。ところが、一九六〇年に代表者の中林が死去した後は、伊藤忠（一九六二年）や近鉄（一九六六年）と資本・業務提携してスーパーマーケットの経営やボウリング、不動産、食品などの多角化を進めたものの、一九七七年には商号を「株式会社京都近鉄百貨店」と変更し、事実上近鉄傘下の企業となってしまう（二〇〇一年には「京都」の名称が消える。『丸物グループの歴史』近鉄広報部資料、同部所蔵）。その後、二〇〇七年に閉店し現在はヨドバシカメラが営業している。

あとがき（追記）

本書は「戦後の大阪」を中心に描いているが、まだ十分には言及できなかったことを二点あげておきたい。

一点目。戦前の交通は第一章に一部記した通りだが、戦後二年目に大阪の作家・洋画家・脚本家・記者など六名の座談会「大阪を語る」（参加者・藤沢桓夫・田村孝之介・小野十三郎・長沖一・秋田実・瀬川健一郎）が開かれ、「昔の乗物」について語っている（内山信愛編『K・O・K（キョート・オーサカ・コーベ）』第七号、宝書房、一九四七年一〇月、三頁、池田文庫所蔵）。

藤沢「堺筋はいつ頃から電車が走つてゐましたかね。僕らの生まれた時分にあつたか。」
小野「あつた。」
長沖「いや、なかつたぜ。」
記者「電車の出来る前に梅田から西長堀の川縁を流線型みたいなバスが走つてましたな。」

田村「錯覚と違ひますか。（笑声）」

長沖「築港の方に二階つきの電車が走つてゐましたね。」

藤沢「僕らの二つ位の時分だ。」

田村「後に開く扉のついてゐるバスが新町通りを走つてゐたことがあつた。」

藤沢「囚人車みたいな。」

記者「巡行船といふのもありましたね。人力車と喧嘩のあつた——。」

田村「あれで僕は本町の博物館へ鯨の骨を見に行つたことがある。」

小野「そうそう、あとであれは天王寺へ来たね。」

藤沢「この間僕は大阪の三十年程前の文学者がそれより又三十年程前のことを思い出して書いてる本をみたら、高安月郊が中之島の涼み舟のことを書いてゐたが、舟に乗つてゐると善哉や西瓜やいろんな物売りの船がくる。その中に落語の舟があつて、落語家が乗つて居り、三十銭か五十銭やと一席話をする。」

田村「面白いね。」

記者「新内なんかも来ました。舟宿も沢山ありましたね。」

瀬川「そんなのを書きたいですね。」

ここからは、市電やバスの話題はあるものの記憶が「あやふや」で、どちらかというと「川の大阪」が強調される。川舟のぜんざいやスイカ、落語、新内流しの芸人、舟宿に関心が集まっている。瀬川は「そんなのを書きたいですね」という。一方、「戦後大阪の街」の項で長沖は「ともかく大阪は汗くさいね。昔はこんなことなかつた」と嘆いてみせた。

戦後の焼け跡に生きる作家たち。彼らのイメージする古き良き「川の大阪」とはどのようなものだったのか、これから少しずつでも文献・史料収集に努め学んでいきたい。

二点目。本書は鉄道とターミナルの小売事業の関係を記述したものだが、これを都市交通や都市計画、「まちづくり」の観点から歴史的にとらえることもしてみたいと考えている。

中沢孝夫氏によると、戦後すぐは「どの駅前もそれまでは不便で粗末なものだった。バスが入れるようなターミナルを持つ駅はわずかなもので、私鉄の郊外駅などになると、タクシーが二、三台並ぶのがやっとという狭隘なところが多かったのである。

また駅周辺の商店の建物も第二次大戦後の貧しかった時代に建てたバラックに等しいものが多く、それも不法占拠によるものまで大手を振っていた。闇市の雰囲気がそのまま残っていたところもあった。そのような戦後の『駅前』を終わらせたのは都市計画法や都市再開発法だった」という（中沢孝夫『〈地域人〉とまちづくり』講談社現代新書、二〇〇三年、一二六頁）。

都市再開発法などの法制化は一九六〇年代末頃から始まっていて、本書第三章で述べた鉄道路線と道路がまじわる立体交差事業とも密接に関連している。この時期の鉄道駅を中心とした「まちの変貌」についても、事例研究を重ねていきたいと思う。

(著者紹介)
谷内正往（たにうちまさゆき）
大阪商業大学総合経営学部准教授，商学博士
(主要業績)
『戦前大阪の鉄道とデパート―都市交通による沿線培養の研究』東方出版，2014 年，第六回鉄道史学会住田奨励賞受賞。
『戦前大阪の鉄道駅小売事業』五絃舎，2017 年。
(加藤諭と共著)『日本の百貨店史―地方, 女子店員, 高齢化』日本経済評論社, 2018 年。

戦後大阪の鉄道とターミナル小売事業

2020 年 2 月 15 日　　第 1 版第 1 刷発行

著　者：谷内正往
発行者：長谷 雅春
発行所：株式会社五絃舎
〒 173-0025　東京都板橋区熊野町 46-7-402
Tel & Fax：03-3957-5587
e-mail：gogensya@db3.so-net.ne.jp
組　版：Office Five Strings
印　刷：モリモト印刷
ISBN978-4-86434-108-0